Gum-Ëlik

Bol-Mawut Deng
Second Edition

A Note from the Publisher

The publisher wishes to acknowledge and thank Dr Douglas H. Johnson for his invaluable help and support for Africa World Books and its mission of preserving and promoting African cultural and literary traditions and history. Dr Johnson and fellow historians have been instrumental in ensuring that African people remain connected to their past and their identity. Africa World Books is proud to carry on this mission.

© *Bol-Mawut Deng*, 2021

ISBN: 978-0-6453988-6-1

All rights reserved.

No part of this publication may be reproduced, stored in a retrieval system, or transmitted, in any form, or by any means, electronic, mechanical, photocopying, recording or otherwise, without the prior permission of the publishers.

This book is sold subject to the conditions that it shall not, by way of trade or otherwise, be lent, re-sold, hired out or otherwise circulated without the publisher's prior consent in any form of binding or cover other than in which it is published and without a similar condition including the condition being imposed on the subsequent purchaser.

Cover design, typesetting and layout : Africa World Books

Kä tö thïn	Apäm
Alɛɛc	ii
Wël Kueŋ	iii
Wëtnhom	vi
Guɔ̈m Ku Dhiën De Piɔ̈u	1
Nyïc	21
Weleeny Ku Ataan	37
Diet	51

ALƐƐC

Anhiaar ba miɛtdiën de piɔu nyuöth kɔc juëc cï ɣɛɛn kuɔny në thaa de gäär de ye buŋë; kɔc cï kuen, kɔc cï gär, kɔc cï ɣa jääm, kɔc cï wëlken mat thïn ku kɔc cï ɣa kuɔny në cökpiny.

Yɛn lec Jɔɔn Col Dääu ku Thamuɛl Galuaak Marial, në kuɔɔnydïït cï kek ɣa kuɔny në të bïnë buk guiɛɛr thïn ku weei cïï kek ɣa weei ëya.

Yɛn lec kɔc ke kuandië cït mɛnde Majak D'Agɔɔt ku Aŋeth Acol De Dut ku jɔl ya kɔc köök ke kuanda cï ɣɛɛn weei.

Na nɔŋ kë cï rɔt ŋiëc wuɔ̈ɔ̈c ka kë kën rɔt tääu tëde, ka raan cï ɣa kuɔny ku kën rinke nyuɔɔth, ka ca rinke raan ë luel wët wuɔ̈ɔ̈c, ka cï thok rɔt wuɔ̈ɔ̈c nëkë gëëkë Thuɔŋjäŋic (aca them ba wët ya göör cï thoŋ de raan ëluel wët) ka na nɔŋ raan ca yïën käc ke kuɔ̈c ëdewe, ke ɣɛn gam awänydië ku **gum-ëlik**.

Në käŋ nhïïm kedhiɛ, ke ɣɛn gëm alɛɛc Nhialic mɛn cï ɣa muk wëi ku gëm ɣɛɛn nyïny ban ye buŋë göör. Eeyabï Rinke Nhialic ya nhoom.

WËL KUEŊ

Kë cɔl bï raan yï thiëëc ba wël kueŋ ke buŋde gɔ̈t acïï yic piɔl. Raan ye ye kënnë looi acie raan lɔthɛmthɛm. Ee ya raan ŋuëën thiekic nɔŋ kë lɔcäp nyïcë yeen ke ye looi ku lee gɔk në kɔc nyïn. Raan ye wël kueŋ gät kɔc gär buɔ̈k, ee ya raan nɔŋ buɔ̈k ril yiic cï keek gɔ̈ɔ̈r ka yïn naŋ tëdïït thiekic muk nyic raan ëbën. Na tiëŋ rɔt, ke ɣɛn mec wuɔ raan cït ye raanë. Kë ya yök kë yennë Abun Bartholomayo Bol-Mawut ɣa göi kɔ̈u, adhil ya cieŋ cïï wuɔ cieŋ ku lon cïï wuɔ Nhialic luɔ̈ɔ̈i wuɔnë yeen në run yiic ke thiërrou ku tök agut cï yemɛɛn. Ɣɛn gär wël kueŋ ke buŋde në kuur de piɔ̈u në kë cien ɣa thieekic bï ɣa mat në gäär de ye buŋë yic.

Gum-Ëlik ee buŋ nɔŋic wël ëke luel keek në riääkic, gɔl në run de 1983 agut cï thɛɛ thiɔ̈ɔ̈k wäänkë. Abun Bartholomayo Bol-Mawut, ee raan töŋ de kɔc yeke yïth thiɛɛu të leeŋë kake riääk ka të jiɛɛmë kɔcdït në ka thɛɛr.

Yeen, akën ë wëlkë muk abac në ye nhom ku yenke leŋ cï mɛn de kɔc juëc ke Jiëëŋ, aacï ke gäär piny në yee buŋë yic bïï raan ëbën ke ya kueen. Acï them bï wët cï lueel ku raan ëluel een gäär rin piny bï nyuɔ̈th Jäŋ ke cie dugëër yennë luel keek ku kee kë piɛth arët. Kë cï gäm rɔt bï looi ee bïke gäär piny agoke yök ëkuak në raan kuen ëbuŋë cï të ëlueel ë keek thïn.

Riääk ku cï bën në kɔc yiic, ëkee dhuëëŋ ku nhiaam ku yicthieek de raan nyaai. Kë ye döŋ në kɔc nhïïm ee bï kɔc bɛk biyic kadï në riääkic. Ku kë tɔ̈ thin, acie ya raan ëbën yen ye piɔ̈u niööp, ee naŋ kɔc töök ye wut mukic në riɛl de piɔ̈u. Londen ee bïk kɔc duut piɔ̈ɔ̈th ago kɔc nhiäk dëër ku cïï kë lɔbäyäŋ bï looi benëke lat. Anɔŋ kɔc ye kɔc tuääk në wël mit yeke dɔl ago nïn lɔ, ku ka nɔŋ kɔc ye kɔc riit piɔ̈ɔ̈th në wël nɔŋ yiic ŋɔ̈th ëya.

Cït mɛn ëcan e kan baat niɛ wën gal ɣen jamdië, Bol-Mawut acï wël cïï kɔc ke lueel në guɔ̈mic gɔ̈ɔ̈r, wël cï lueel në piɔ̈n lɔpäk ku wël ke riët de piɔ̈u. Aake ye wël ëke yee ke piŋ në leŋic ku nhiɛɛr benke ya leŋ ke wätriëëcke. Yɛn ye raan töŋ de kɔc ye muɔɔŋ ke yeen në akölkuɔɔn ɣɔn ye wuɔ ke röthii në run de 1993 agut cï awëlë. Në yemɛɛn ke Bol-Mawut acï muɔɔŋde laar jiëëŋ të nɔŋ kɔc tɔ̈ në tuŋ ke piny kedhiɛ. Acïï miaaŋ ke ye r̈inyë yetök. Ëmuɔɔŋë ee muɔɔŋ ëriëc bï biɔ̈ɔ̈th në ye r̈inyë cök wadäŋ. Gäär ë Bol-Mawut abï kɔc ëkee ye piɔ̈ɔ̈th lɔnäŋ ëgäär thɔɔn piɔ̈ɔ̈th agokë ke nhïïm tak nëkä piɛth bïïke gɔ̈ɔ̈r.

Ke wuɔ ye kuan ye piöcda luɛɛl biyic në muɔɔŋic, apiɛth bukku wët ëmɛɛn agoku nyïnyda ya tɔ̈ɔ̈u në buɔ̈k yiic. Kɔc juëckuɔɔn nyic käŋ aaye jääl në wuɔ yiic kennë nyïny ee dë yïkë wën raan ëbën tëë cïï kek ye ya gɔ̈ɔ̈r. Acïn raan ëye guɔ̈p jut bï cieŋ ku nyïny pieeth de Jiëëŋ gäär piny ago rïny tëërë turuɔ̈ɔ̈k kennë pïïr baai wët në keek.

Thook ku cieeŋ cïï kɔckuɔ ke lɔthïn, aaye kälei. Thook yennëke luɔɔi yök cït yïï thoŋ de Deŋïlith ku thoŋë Jäläb aacï yök ke ke ye piöc yiën kɔc në dhɔ̈l wääc ke pïïr. Apieth bï kɔc ya gät në thoŋda, nëŋö thok ee cath ë tök kennë cieeŋ de kɔc.

Kë cïëën në käŋ cök, ee thön lëk raan bï **Gum-Ëlik** lɔ kueen, yïn lëu ba buŋ cït ye buŋë göɔ̈r të tëëu yïn yïnhom piny.

Nhialic abï yï thieei ëŋui të yïn Egam.

The Very Rev'd Samuel Galuak Marial, STM, MAR, BA.
Principal,
Bishop Gwynne College (BGC),
Juba, South Sudan.

WËTNHOM

Käjuëc ke riääk ku kärɛc ke riääk agut cï wël ke akölke riääk, ka këriëëc de riääk ëbën aaye Jiëëŋ ke guum ëlik. Na cak kërac yïin yök ëka ye guum kë yïn lɔ lik yennëka yïn ye tiaam. Wään në thaa de tɔŋ, käjuëc aake cï kɔc yök ku nanëke kënnëke guum ëlik, ëkee dë cïkë kɔc tiaam. Guɔ̈m ëlik acennë kärɛc ke Jiëëŋ ye dac nyic në raan tɔ̈ tëmec ku ka yennë Jiëëŋ kärac tiaam të cïn yiclieɛr.

Paan de Thudän aa riääk ëleŋleŋ cït ke cïï riääk ku yennë ka cien rɔt bën yök në ye riäŋdïït ɣɔnë yic. Riäŋ de baai aa bɔ̈ ke dak kɔc nhïïm! Yennëka cïnnë Gërëŋ Col Bul (Gërëŋ-Majumuɔ̈) ye dinë bën cak në thaa wään cïnnë tɔŋic dëër. Dit ee jam ye, cï piny riääk ëlɛŋlɛŋ cït ke cïï riääk:

Guaŋ ku thön nhïïm ku bukke wɛɛi, macor yennë thön riɔ̈ɔc. Ayï yeei ɣɛn cɔl Amoth Ajak, Makur ku Magak, Akɔ̈i ku Maŋök; thɔn ë baai aye guaŋ nhom në diɛt, guaŋku thön nhïïm panëënkuɔ. Adun tɔ̈ në thäpic ariäk baai! Thɔn de baai cop thɔn adu; adun cool nɔŋ wuɔ meeth, yen ka kën löŋ de baai cɔk piŋ rɔt. Ëlɛŋlɛŋ; riääk piny ëlɛŋlɛŋ cït ke cïï riääk, ku piny abï dik ëlɛŋlɛŋ.

Ku ɣɔn aŋoot ë tɔŋ ke kën rɔt guɔ gɔɔc, ke kɔc juëc aake ye jam yï "Kee paan cï wuɔ dac nɔ̈k." Ëwëtë aaye lueel në ɣän juëc ëke tɔ̈ë mïth ke Jiëëŋ ke thïn. Riääk de baai aaye ket ëya në diɛt yiic. Anɔŋ din ë yennë maduänyduäny *(dithko)* dieer ɣɔn Boor në remthi ke tɔŋ kën guɔ rɔ̈m. Aaye ket ya, "Paanda Madiŋ ee wuɔ yɔŋ, paanda Madiŋ ee pol në wuɔ." Ku ka cïn raan lëu bï ye guiir ëmɛnë, lanë yennë ye ket ke cï deetic ka ëye ket ke kënnë deetic. Ye dinë aacït ke cï Nhialic tääu në kɔc thook bïkë ya ket ëke kuc kë ëliɛɛc en. Acït mɛn ɣɔn cïnnë Nhialic dit kɔn tääu në Leek-Manyiëël thok. Leek-Manyiëël aacak ëdinë ɣɔn yennë ye lueel ya cï tɔŋ thök në Anya-nya 1. Go lëk kɔc në ditic lan kënnë tɔŋ thök. Dit ee jam ye, **"Wët ater aye miɛɛn në kɔc yiic:"**

Luɛɛl de piny anɔŋic kë cït tɔɔr, aye nhiaar ë rum ë tiɔp ku ka rac në dhaŋ thok! Cak yamɛn cïï adhuëŋkuɔ nyääk ëkee lueth eei, ëkee lueth tiɔp awɛɛr wun. Cakë Deŋ Nhial ca lɔ, ku Ajääŋ-Abanythok, ku Jogaak ë Deŋ, ku Bul-Magaany. Wët ater aye miɛɛn në kɔc yiic ku ka cie lueel abac. Ka ye wuɔ̈ɔ̈ŋ lueel ye piny acï loi, ku baai aŋoot, ŋö ŋoot ë jiec agörtui në wëër lɔŋtui ku kaa kën dhuk panhom ɣɔn dhiëëth ëke! Nɔŋ raan ye yiën paanden ku bï yɔɔt roor cï thiäŋ, tiɔp aya yamthok; tiɔp alɔ nyuanyany tiɔp aliac në dan koor.

Wët de Leek-Manyiëël acï rɔt bën dhiɛɛl cï mɛnde, ke dëk ëkɔc nhïïm! ɣɔn gɔɔcë tɔŋ rɔt Boor, go kɔc juëc kɔn ya gääi! Ee ye kɔn lueel ya ye tɔŋ de jiec në rɔt. Na ber mïth ke thukuul ku kɔc tɔ̈ rɔɔk yɔɔt wei, ke berë kɔc baai ya lueel yïï kee tɔŋ de kɔc rɔɔk, ku ye juurkɔ̈k lueel ya kee tɔŋ de Jiëëŋ, "Tɔŋ de Jiëëŋ kennë Arap" ku lueel Areep kɔ̈k ku Junuub kɔ̈k yïï kee tɔŋ de yïï Junub kennë Arap. Na ɣɔn lɔ tɔŋ dït, go raan ëbën rɔt yök thïn në kueer cïï nyic. Tɔŋ acï baai bën tëëk thok ëbën; aka cïn raan lëu bï ye jai ye kën tëëk në manyden thok, ka raan bï ye tëmrɔt yeyee kuande yetök yennë cï thöör ku cïï tɔŋ riɔ̈ɔ̈k. Acï raan ëbën bën mat thïn në kuɛɛr juëc wääc. Kɔc lëu bïk thär de baai yiën tääu në kenhïïm, aaye kɔc ɣɔn cï kɔ̈ɔ̈c ëcök në thɛɛk wään ke guɔ̈mdït, kek mɛn ɣɔn gum riääk ëlik agut bï baai kɔ̈ɔ̈c ëke kën käke yiclɛɛr looi.

Gum-Ëlik ee buŋ jam në wël ëke cï keek ya luel në aköl wään ke riääk. Wël kɔ̈k aa jiëëm kɔc ku kɔ̈k aa jam në wël ke kɔ̈c de piɔ̈u, ku jam kɔ̈k në wël ke riɛɛr de piɔ̈u, ku kɔ̈k aaye yiic weleeny ku ataan, ku kɔ̈k aaye diɛt ëke ye kɔc dɔk në kärɛc juëc kɔ̈k yiic. Të lee yïn ke kueen ke yïn bï nyïc ku weleny de Jiëëŋ yök thin. Jiëëŋ ee käjuëc luel ëke thiɛɛn ke kɔ̈ɔ̈th!

Gum-Ëlik acennë wël ŋuek në ŋuan:
1. Wël jam në Guɔ̈m ku Dhiën de piɔ̈u,
2. Wël jam në Nyïc,
3. Wël jam në Weleeny ku Ataan
4. Ku jɔl ya diɛt jam në Wël dɔk kɔc.

GUƆM KU DHIËN DE PIƆU

KÄ CÏKE GUUM YƆN YƆƆTË WEI

Yɔn yɔɔtë wei, lenë kɔc thöör në larap, käjuëc aake cïke guum në cäthic nɔŋ yïï: cɔk, tuaany, reu, dhäär, käŋ ëyennë kɔc kök kɔc kaaŋ kueric, kuny de piny ku jɔl ya käjuëc kök ëke cï kɔc yök. Cäth aacï yic piɔl, aaye kë rilic arët akɔc juëc aacï bën nyɔɔlwei ëke kën tëde piööc cuɔ̈ɔ̈p. Keekäkë kedhiɛ, aacï keek bën guum ëlik në riɛl de piɔu ku gäm ëcien ëye gam bï baai thöör.

KÄ CÏKE GUUM TË DE PIÖÖC (NË *MEDÄNIC*)

Yɔn yennë lɔ në medänic, aaye kɔc kuc lan bïnnë raan lɔ dhuk ke piïr! Nëŋö, na cuɔ̈pë në medän thok ke yïn ye jɔɔk në dui bïnnë yï nyuɔ̈th kä ba keek lɔ yök në piööcic. Ëkënnë acïnnë raan tök wët bën lueel. Yɔn cup kek në Boŋga të de piööc gokë dupiööc yök ëke cï röth thiaan kueric.

Të wën tul keke, go ke jɔɔk në dui. Na wën cïkë dupiööc dëëny, go raan tök rɔt wël raan thiäak ke yen ku thiëëc ye, "kënku mëër në kɔc ke ater yiic ëmɛnë?" Go raan thiëëk kek dhuk ye, "kaa ye kɔckuɔ." Guɔm aaye dït arët të de piööc bïnnë yï juiir ba guɔm nyic ago rok lɔ lëu të lenë yï luɔny piny. Kärɛc ke

medän aake yeke guum ëlik nëkëë cïnnë thär de baai wiik.
Yennëka cïnnë raan töŋ de kɔc piööcë keek ye wëtë bën lueel ye cïn *yimäl* wär *yimäl* cen bën në SPLA yic.

Acïn Yïmäl Wär Yïmäl Can Bën Në SPLA yic
Ëwëtë aalueel raan töŋ de kɔc ëke piööcë keek në *medänic*.
Na ɣɔn në kööltök ke raan töŋ de kɔc piööcë keek thiëc dupiööc bï päl lɔ piɔm thiääk ke tëde piööc, ke nɔŋ këdeen lee tïŋ. Go puɔ̈l bï lɔ. Go lɔ ku lee gääu, ku piny aanɔŋ riɔ̈ɔ̈c. Go kɔc diɛɛr cït ke nɔŋ këë cï yeen lɔ yök. Yɔn len dhuk ciëën, go gɔ̈k arët, yöökë ya na nɔŋ kë ëcï yï jal lɔ yök wën ëke yïmäl (kuɔc luɔi)! Go dhuɔ̈k keek ye "ka cïn *yimäl* wär *yimäl* can bën në SPLA yic!"

KÄ CÏKE GUUM NË THƐƐK KE TƆŊ
Na cï yïn piɔ̈ɔ̈c ku lɔɔr tɔŋ, ke yïn ber käjuëc kɔ̈k lɔ guum ëya, cïmɛn de cänh bäär kɔ̈u, cɔk, tuaany, reu, yaaŋ de bäny muk jiec, rëëc de tɔŋ, kä cït ɣäntöök, thon de kɔc määth ke yï, mɛcdu wenë paandu ka paanduɔ̈n, thook ke kä cï röth lɔ̈k looi baai ke yïn liu, ku jɔl ya kɔ̈k yïn ya.
Kɔc ëke cï dön baai ëya aacï kɔc ke ater mɛn ɣɔn ye baai reetic ke bï lɔ̈k ya nɔ̈k. Go pïïrden cuɔ̈k ber tɔ̈ apiɛth cï mɛn thɛɛr.
Yennëka cien bën naŋ kë ye cɔl "**Run de Capoth**" paan Boor.

Run De Capoth

Ee run ënɔŋë baai yic cɔŋdït arët, ku kä juëc kɔ̈k ŋet kɔc. Go kɔc thou arët në cɔk, ku bëc, ku loi kɔc kärɛc kɔ̈k. Go kɔc cïï lëu bïkë cuëër, ya cuëër, ku ye kɔc kɔ̈k kɔc peec. Kɔc kɔ̈k aake ye kɔc nɔ̈k të cïnnë raan käke pëën. Kɔc kɔ̈k ëya, aacï kɔc ruääi kennë keek bën ya nyɔ̈ŋ abïk nyïn jääl. Ku na ɣɔn lɔ thaa de loi bën, go raan ëbën cï pïïr cuɔ̈ɔ̈p ke kën thou, ku kën cuëër, ku kën raandë nyɔ̈ŋ ka ke kën nyaap abï luui në kärɛc kɔ̈k lɔbuyuŋ, jal ya jam ke gäi ye, "Capoth Nhialic! Capoth ke ɣɛn kën thou! Capoth ke ɣɛn kën cuëër! Capoth ke ɣɛn kën raandë nyɔ̈ŋ! Capoth ke ɣɛn kën këde yiclïɛɛr looi në ye riäŋdïït wäänë yic! Ku na ɣɔn acï kɔc röth gäm baai, yennëka cïnnë kä cït keekäkë bën ya guum ëlik. Ëguɔ̈më yennëka cennë raan cɔl Awuk Abuok ye wëtë bën lueel ye, "cïï Nɛɛp-Reeth ye gam yen Jɔɔn Gërëŋ aka cï bï gam në yë runë!"

Cïï Nɛɛp-Reeth Bï Gam Yen Jɔɔn Gërëŋ!

Yɔn cïnnë (SPLA) yɔɔt wei ku cïï Japer Mamed Nïmeerï nyic ke tɔŋ bï dït, go Nïmerï käjuëc gam bï ke looi ago tɔŋ kɔ̈ɔ̈c. Tɔ̈ŋ de keekäkë, ee bï Jɔɔn Gërëŋ tääu ke ye Nɛɛp Reeth (raan kuany bäny de baai cök). Go Gërëŋ jai ku ler tueŋ ke tɔŋ.

Na ɣɔn në kööl tök, në biäk de Bärgadhal, ke tɔŋdït thäär në kaam de jieny de Miirï kennë jieny de SPLA. Go jieny de Miirï SPLA tiaam, cop, ku wën copë keekë, go macɔ̈n (*dababa*) tɔ̈ŋ de jieny de miirï kɔc keerou ke SPLA kakwei ku jɔlke cuɔ̈p

anuɛɛk. Na wën cïkë macɔt dëëny, ëke jal lɔŋ ëke cï piɔ̈ɔ̈th lɔrïrwei. Go raan töŋ de keek cɔl Awuk Abuok wët cien piɔ̈u lɔpäk lueel, jiɛɛm ye, "Cïï Nɛɛp-Reeth ye gam yen Jɔɔn Gërëŋ aka cïï bï gam në yë runë?" Go raan wën ciɛth kek dhuk në wët de riɛl de piɔ̈u ye, "aaye wuɔɔk, wuɔ rou wuɔ kaa cop keek ku ka cie SPLA ëbën; SPLA acop kɔc në yän kɔ̈k."
Ye guɔ̈më yennëka cienë Alueel-Nɔŋdït (Aluɛɛl Gërëŋ) ye dinë bën cak ben kɔc riitpiɔ̈ɔ̈th.

Tɔŋ Abï Thiɛth, ku Col, Ku Tul Pïir Lɔyääi

1. Muk yïpiɔu rïny lɔ wɛɛrwɛɛr roor. Jieny cï ye yic dïïl wɛɛië root acïn tɔŋ ye kɔɔc ke cïnic kä gɛiëke.
Ɣandɛ! Cɔku röth rir wuɔ berë ke cak, pinyda awel rɔt.
Jieny de Dïktoor athär yic nyic Nhialic, na pïir raan ku rumë pinyde ke bï ŋuëën ŋö!
Cɔkku thäär abï naŋ adɔ̈ɔ̈ŋ lik dɔ̈ŋ; kɔ̈th ke baai, Junub paanda. Acïï bï com nëkë peei aaye wuɔ nyïn wuɔ jäŋ mɛn thäär; du ye diɛɛr në thou.
Tariir tɔŋ de Thudän, Junub abïï mɛɛnh kënnë dhiɛɛth nyic akäldɛ, yic näk wuɔ yen kïn! Awai pinyda; tiɔm cït awai.

> Wuɔ cie abaköök cam paan lei, wuɔk kaa ye adöc ke baai. Tiɔm cï rimkuɔ dhiɔ̈m abï tɔ̈ɔ̈kda boot. Tiɔp abï cuɔi nɔŋ tiɔm kuc wun! Baai acït
> nyin wuɔ, thärku baai në ŋeeny lacäp; baai, baai paanda alɔ ciëën në dul. Yukku Nhialic cɔɔl bï mët

piny; Nhialiny ë cak raan ku yïn tëde tek akɛɛth ke piny, buk lääu në röth. Ëmɛɛn agut cï athɛɛr, athɛɛr wadë.

2. Yeeŋa, yeeŋa ye rör cöötë Nhialic piŋ? Cï Nhialic wuɔ maan? Acie yeen, acie ye. Ee buk röth wel të rɛɛc tö wuɔ thïn jieny man luɛɛk athäär cï agoor. SPLA/SPLM, jatë köŋ ciɛɛmdu nhial ku dɔm baai në riɛl;

adööc ɣɔn yïnnë Nhialic wuɔɔk, macäär de piny, ku com wuɔ thïn buk luɔk cï ye. Na cuk tiɔp wuööc ke luel Nhialic buk dhäär. Bɛrë wuɔ lieec piny yïn cie këlei, yïn cuku bï koon aŋuɛɛn lɔ mɛɛc. Ŋär wuɔɔk Nhialic buk paanda tiaam, tɔŋ abï thiɛth, ku col, ku tul pïïr lɔ ɣääi, tiɔm cï kaai në thou.

Ku yennë ëka nɔŋic run de jäny ruëëny

Jäny Ruëëny

Wët cɔl jäny ruëëny ee bö ɣɔn cïnë piny riääk, Në run de 1992, piny anɔŋ cɔŋdït arët paan Boor ɣɔn cïnë Riëk Macäär baai riöök aweŋ ku mïïth kök ke pïïr aake cï liu, go kɔc mam në mamdït arët. Na ɣɔn në run de 1994, ke babuur ke akuma jɔt röth në Kartuum ke ke bï mïïth Madiŋ Boor tënɔŋ jienyde, go bëny töŋ de SPLA cɔl Jɔk Rëŋ Magöt piŋ ke babuur ke akuma bö, goke täc në kaam de yïï Dhiamdhiam ke Jɔŋëlei. Jɔkdït acï babuur bën tiit ke tö në pïu yiic ke jienyde në nïn yiic kee diäk, Ana ye thök de nïn keediäk ke babuur bö ku räm tɔŋ, go jieny de SPLA jieny de akuma weer ku dɔm babuur cï thiäŋ në mïëth cïn yethok. Go kɔc ril ku ruëny mïïth gɔl në dhëth ku thian kë ke në kë ëkë cïï pïir yicriɛl aka yïkkë tak ke mïïth bï kɔc dak, ëtëën kɔc baai ëbën aacï bën piŋ ku yee ŋɛk them bï mïthke lɔ kɔ̈r mïëth. Na ɣɔn cïï akuma tïŋ ke mïïth ajuëc, go raan yɔ̈ɔ̈k bï ŋëk dhëth cï kë bë lëu në jöt. Go kɔc ril ku ruëny wäär cï thian nacïrnhom nhïïm määr në kä ke cïï ke tɔ̈ɔ̈u në thiaanic në kë cïï mïïth raan ëbën wuɔ̈ɔ̈r nyin. Go kɔc niɔp ruɔ̈n ya cɔl ërun de "Jäny Ruëëny" luɛɛl de, mïïth ke babuur aake cï kɔc wuɔ̈ɔ̈r nyïn abï kɔc cï cuëër ka mïïth thiaan cɔk lɔ nhiany në aguɔ̈tic.

KÄ CÏ KƆC BAAI KE GUUM NË JIEC CIN

Kɔc baai aake cï gum në SPLA cin arët. Nëŋö, aake ye mïïth juaar bïke yiën jiec. Ku kaa nɔŋ jiɛc kɔ̈k ëke ye ke peec në rap, ku thök, ku ɣɔ̈k, ku kɔ̈k yeke cam, ku kaa ke ye ke dɔm ëya në bëi yiic bïkë käke jiec ya ɣääc.

Ëkënnë acennë kɔc baai rap bën ya wɛcpiny në ɣänkɔ̈k bïï ke thiaan në jiec. Ye akiirë acïï jiec bën nyic ëya, go kë ɣööt ya guem yiic në bith.

Bäny kɔ̈k ke jiec aake ye röth tääu në nyïn ke bäny baai yiic ëke ye duluuk, ku yekë kuɛɛt kɔ̈k yɔŋ.

Bäny kɔ̈k ke jiec ëya aake cï kuɛth në kä cie käken ku yïkë diäär ke kɔc kɔ̈k rum.

Ke käkë kedhiɛ aacï keek bën ya guum ëlik ku lɔ kɔc tueŋ në luɛɛl de baai ago tɔŋ cuɔ̈k riääk. Yennëka cïnnë ye wël bɔ̈ ciëënnë lueel:

Ye Rap Ka Arap Yen Cï Gërëŋ Tuɔ̈c Week!

Në theɛ wäär ke tɔŋ, ke jiec aaye pïïr në kɔc baai cin. Aake yennëke mïïth juaar bïkë yïën keek. Ku ka nɔŋ jiɛc kɔ̈k ëke ye röth luɔny piny bïk kɔc ya rum. Ana ye yɔn në kööltök ëke jɔl lɔ paan de tiŋdïït tök piny de Bär el Gadhal, lekkë ku durkë kɔc nɔ̈k baai! Luelkë yïï bïke miɔɔc në rap. Go tik ke yɔ̈ɔ̈k ye, "mïthcië dhuɔ̈kë ënɔŋ Gɛrɛŋ De Mabiöör, ku lɔ dɛtkë yic apiɛth; tɛkdë cäk kuɔc piŋ! "Ye Rap ka Arap, yen cïï Gɛrɛŋ tuɔ̈c week?"

Matiɔp ku Aŋeth

Wäär cïnnë baai riääk, cɔk acï yönde raan ëbën bën tɔɔŋ thok. Kɔc aake cïï cɔk ke muɔ̈ɔ̈r piɔ̈ɔ̈th abïk nhïïm määr lan bïï piny ber loi. Yɔn në kööl tök ke man ë nyaan cɔl Aŋeth tak yenhom në kë bïk cam ke nyaande, go adhiäät cäp, ku wën theɛl en adhiäätë, go jiɛc guɔ tuɔ̈l roor ëke ŋëër raan cɔl Matiɔp keek. Ku yee Matiɔp yen tëmic, yöök man Aŋeth bï töny dac jat piny nëkëë cïï jiɛc gääu në cänhdenic. Go man Aŋeth dhuk ye, "kee miëth de ye nyaanthiin cɔl Aŋeth ë mɛɛnhdië." Go Matiɔp dhuk ye, "Na cɔk ya miëth de Nyanliɛɛt ëka jɔtë piny, yakë kɔc nuaan në nyïïr cïï we bï cuɔ̈ɔ̈t bïke guɔ ŋuɛɛt piny ka jɔt Bëɛr keek abac."

Go man Aŋeth töny jat piny cɔl ye bïkë yïën rɔm ëdewe, Go

Matiɔp aränhde yɔ̈ɔ̈k bï kuɔ̈c deer ku cɔk töny jatë në yenhom ke tuc, go man Aŋeth ye, "mɛɛnhdië na cïn kë wënkë wuɔɔk, ke we wankë töny bïï wuɔk röth lɔ̈k ya that." Go Matiɔp dhuk ye na col ëjam ke wee ba tiɔɔk. Go man Aŋeth biɛt ku jiël Matiɔp kennë jiɛcke.

Na wäär alɔ piny loi, alɔ̈ɔ̈r alup baai, ku Aŋeth acï jal dhuɛɛc, aka ye nyooth të nyoothë nyïïr piɛth lɔ̈ɔ̈r. Yɔn në kööl tök ke Matiɔp bɔ̈ bï bën daai në lɔ̈ɔ̈r, go Aŋeth lɔc në nyïïr yiic. Na wën apuɔ̈k lɔ̈ɔ̈r, go Aŋeth ruac abïnnë ye lɔ dɔ̈m kööl. Aacï röth bën piŋ abï Matiɔp piɔ̈u naŋ bï Aŋeth këny ku kee kën deet mɛn yen nyaan yɔn jɔt een töny piny ëkënnë.

Matiɔp acï lɔ luɛɛkde bën thiäl Aŋeth, go Aŋeth ye wëtë jäl guiër man, go man yɔ̈ɔ̈k ye,"ka piɛth mɛɛnhdië ku kɔn ya cɔk jam wuɔ ye ke kën kɔn lɔ jam ke röördït," go Aŋeth gam. Acïï Aŋeth bën jäl lëk Matiɔp mɛn kɔɔrë man yeen, go monyde gam. Matiɔp acï bën jal lɔ dhuk në köölde peei, bïï ku jɔl ruu në gɔ̈k kennë Aŋeth, ana ye bënë piny ke run, ke miit ariël piny ku cïï dɔc thëu.

Na wën ke man Aŋeth acï bën jam ke Matiɔp, yöök ye, "mɛɛnhdhië ee këpiɛth cäkë röth lɔc wenë nyaandië, na ye kööl lee yïn bën ba bën jam wenë röördït, ke yïn duɔ̈nnë nhom mär në tönydiën yɔn cäkë jɔt. Acï wuɔ lɔ̈k ŋɔ̈ɔ̈ŋ nyïn, ku nyic ëya, ë nyaanë, yennëkee Aŋenh yɔn jɔt yïn adhiäät piny ku lueel yïn käjuëc ke määr de piɔ̈u," go wët cïïth në Matiɔp piɔ̈u. Ku yee daidïïtë yen lïïr ëköt ke rëër, kɛt reet arïldïit wënë yic ke dhiac ke tueny. Yennëka cï bën ya riääk de thiëëk agut cï awälë.

"Ku Bakë Cuɔ̈k Moc yic, Cie Arap yen ca cäp"

Ëwëtë ee lueel tik ke tɛɛr ke jiɛc. Yeen ee cï tönyde cäp, na wën ye tɔɔr tönyic ku ye jɔt yeyeth, ke yee jiɛc kee tïŋke ëke bɔ̈ keke mol. Go tik kiɛɛu yɔɔth, ciit/kiit wuɔ̈ɔ̈i ye, "Wuwuui! Amaɣoou! Kɔc kuɔ, wuɔ cï naŋ kɔc!" Go jiɛc röth puur piiny ëlantöŋtëi ku luelkë yïï, "Mama duk dhiaau, wuɔ ye kɔcroor." Go tik dhuk ye, "Ke wee cï roor waanicë kɔcroor ku wee cï bën baai, dhuɔ̈kë röth." Go jiɛc lueel yïï, "Na cïï töny jɔt piny bukku luath ëka bukku mocic ëmɛnë në dhaŋ." Go tik dhuk ye, "Ku bäkë jal cuɔ̈k mocic wuɔ̈ɔ̈dï! Cie arap yen ca cäp, wee kïn ye ŋeeny në Areep (rɛp) cï tuak ku katkë në areep thith." Go jiɛc röth jɔ̈ɔ̈ny bïk jäl, luelkë yïï, "Na colku në jam në ye tiŋë, ëka bï wuɔ lëk wët peei."

KÄ CÏ JEC KE GUUM NË BÄNYKEN CIN

Bäny kɔ̈k në bäny ke jiec yiic aake ye jiec yɔŋ. Na mac week në bëny kuc käŋ ka bëny rac, ëkee we yɔŋ ke we cïï jam, ku na jam raan ëka juak yaaŋic abï raan rɔt maan. Ëkënnë aban jam në akuut cï gum keerou, ku të cïï kek ye bën luɔɔi thïn:

Akut tueeŋ, aaye *dhubɛɛt* ëke cï keek caal paan cɔl Marïdï. Bäny ŋär SPLA aake cï *Altenet Kamandaai* ku bänykɔ̈k tɔ̈ në ke cök caal Marïdï të de amat. Go amat lɔ gääu, ku thök mïïth në kecin. Go kɔc gum arët në cɔk. Na yɔn acï cɔk dït, ku kɔc aakuɔ̈t nhïïm, go ye *dhubɛɛtkë* ke nhïïm tak nëkë bïkë looi. Go kë them bïkë ya lɔ pur në dum ke kɔc baai yiic ago ŋɛk këciɛm ya yök. Nëŋö aacïïkë nhiar bïkë käke kɔc baai lööm në riɛl. Aanhiarkë bïkë gum ëke thiek yiic ku ciëëŋkë kɔc baai në beklɛɛi. Ye akutë acï bën gum ke bit ago kuɔ̈c pïŋ de röth nyin kuur në luɛɛl de baai yic.

Akut de rou, aaye kɔc ëke kën yaaŋ guum. Aaye akuut ke jiec *(katipaai)* ëke cï bänyken dɔm ku duikë keek. Kɔc ëke loi ëkënnë aake nɔŋ yiic kɔc juëc ëke jiël wut. Aakën yaaŋ de bäny bën guum ku yïkë röth tääu në nyïn ke bänyken yiic, ku jɔlkë bänyken yɔŋ ku yïnkë röth rin wääc. Aake yeke cɔl, *"Akuma Wäyit"* (Akuma de Tök). Nëŋö, aake ye jam yïï kënkë lɔ në thukuul yiic aaka kuc kuën. Akë luelkë yïï nyickë në biäk de kuën, ee *wäyit* (tök). Na cïkë raan töŋ de bäny yɔn cï keek mac jal kuum në acïcui ka waat thiërdhiëc (50) ka buɔt (100), ke kuën acie ca cath cïmɛn thɛɛrde; ya tök ku rou ku diäk...
Kuënden ee lut ke ye *wäyit, wäyit, wäyit, (*tök, tök, tök...*).*
Ku na yuai ka ruar yïthar në yethaa dui ke yïïnë, ëkaa jam yïï cake wɛɛc wei! Ëka berë jɔɔk në tök! Keek kɔckë aake kën

gum-ëlik, aa cï piɔ̈ɔ̈th bën riääk ku guurkë käken.

Ëyaaŋ yɔnë acï bën lɔ në tëŋde mïïthic ëya! Mïïth aake ye röth kuɔ̈c tek. Yennëka cïnnë Maŋäär Maciëk ye wëtë bën lueel ye, "Yeeŋö yennë mïth cuai ëkätkät?"

Yeeŋö Yennë Mïth Cuai Ëkätkät!
Ëwëtë aalueel bäny töŋ de bäny ke Agaar, cɔl Maŋäär Maciëk, ke muɔɔŋ (leŋ) kennë bäny ŋär jiec në Bär el Gadhal, Daniel Awet Aköt.[5] Yɔn tɔ̈nnë jieny de SPLA piny de Bär el Gadhal ke ŋëër Awet Aköt, ke jiec aaye juëër miöör ku rap, ku mïïth kɔ̈k bï kek ke pïir. Kekë cï rɔt bën ya looi, bäny ku jiɛc kɔ̈k tɔ̈ kennë keek, aacï bën ya cuai kepëc, ku ye jiec baŋ dïïtë tɔ̈ ke cï guɔ̈p riääk. Ëkënnë aye ye nyuɔɔth ke mïïth yeke kuɔ̈c tek. Yennëka cïnnë Maŋäär Maciëk rɔt bën jɔt Awet në kööltök bïk lɔ muɔɔŋ. Na wën acï muɔɔŋden jal liɛk ke jal Awet thiëëc ye, "Bëny, kara, yeeŋö ye wuɔ mïïth juaar ëke thöŋ ku ye mïth lɔ cuai ëkätkät?"

KÄ ËKE YE ŊƐK KE GUUM YETÖK

Yɔn cïnnë yɔɔt wei, ëkaa nɔŋ bäny kɔ̈k cï kɔc bën ya lɔ yɔŋ. Ku kɔc kɔ̈k cï röth bën ya yök bïkë kɔc ya nyuɔ̈ɔ̈n gup në SPLA yic ke kuc Jɔɔn Gërëŋ. Ëkënnë, acïnnë kɔc juëc bën gum arët ku jiël kɔc kɔ̈k nyïn në kuɛɛr cie yith.

Në kë cien rɔt lëu bï raan ëcï yɔŋ ëbën kueen rin, ke yɛn bï jam në raan cɔl Majur Nhial Makɔ̈l në nyindenic kedhiɛ. Majur Nhial ayɔɔt wei në run de 1983 ke cieŋ kuɛl kee dhetem në matuŋcääric ka boliithic ku kee cï piöc arët, ku yenëkaa muk wëu ke boliith në biäk de Junub Thudän në Juba yɔn kënnë yɔɔt wei.

Na yɔn cï yɔɔt wei, go ciën bääny piɛeth lee yök, ku Majur aye raan cï piöc aka nhiɛɛr bï yic dhil ya tääu tëde ku bï raan ëbën dhil ya yiën yicde. Ee yee lueel ye kee thär de baai yennëkee bïï kɔc roor, acie bï kɔc röth bën yɔŋ!

Ëkënnë acï Majur bën këëk kennë kɔc ŋäär në ye nhom. Majur acï bën mac naadhorou në kee run yɔn thëërëke baaikë. Ku në ye dhereenë yic, ke Majur acï bën kuɔ̈m nöök naadiäk akee Gërëŋ De Mabiöör yennëkaa ye yeen kony. Nëŋö kɔc ëke yɔŋ yen aaye kɔc ëke tɔ̈ në Gërëŋ cök ke kuc Gërëŋ! Yaaŋ cït yekënnë yennëka cïnnë raan tök ye wët bɔ̈ ciëënnë bën lueel ke dhiaau piɔ̈u ye, cï baai yeliel nyiiny në ke!

Baai Acï Yeliel Nyiiny Në Wuɔ

Ëwɛtë ee lueel raan cï miääu nyaai (jɔt), ke jam ke
Majak D'Agɔɔt. Aake tɔ̈ në Thukulic në tök thɛɛr, ku berkë lɔ në SPLA yic nëtök.

Majak aatëk kueric go rɔ̈mpiny kennë yeen ke cï miɔ̈l në mɔ̈u aka cïï cäth lëu apiɛth. Gokë röth nyic ke Majak.

Go them bï yecök thiëëtpiny bï Majak gäm muɔ̈th de jiec go cuɔ̈k lëu; yee duɔ̈r wïïk! Go Majak jal thiëëc ye, "Ya yïn ŋadi ëkë cï yïënlë!" Go dhuk ye, "Majak D'Agɔɔt kën baai ye liel nyiiny në wuɔ!"

KÄ CÏÏ ABƐƐR KE GUUM NË THEƐ WÄÄN THËËR ËKE BAAI

Abɛɛr aake ye gum arët të cïn yen raan de kuat ka mäth tiëët nyin në keek. Tɔŋ ee cï kɔc juëc nɔ̈k arët ku SPLA acïn kä ëke cïke juiir yenke nyin tïït në abɛɛr. Ëkënnë acïnnë diäär abɛɛr kɔ̈k bëiken bën puɔ̈l, ku leer kɔ̈k mïthken ayeer. Ku diäär kɔ̈k ku mïth kɔ̈k abɛɛr aacï bën luɛɛŋwei. Ëkäkë kedhiɛ aake ye keek guum ke kɔc ŋäth bënbei de baai.

Cï mɛn cïï Aluɛɛl-Nɔŋdït (Aluɛɛl Gërëŋ) ye lueel në ditic ye bï Abɛɛr ke yiic paac në tiɔp tëlenë baai bënbei wadë:

1. Tiɔm cï raan ëbën nyaai: tik ku meth, ku mony thär baai, ku raan cï ŋuëën bï thök të yïndë? Acïï päl yen tiɔp, acïï berë puɔ̈l ke cï rëëc jɔ̈ɔ̈r. Raan ye yic tilic mälë; këpiɛth aye ŋɔ̈ɔ̈r në rëëc bï raan ye lëëth rɔ̈ɔ̈t, ku jɔl guɔ dik. Lëkkë Omer duɔ̈nnë piɔ̈u mit, baai acie këdu; acie pinydu! Pɛl nyic yuɔɔm abï piny tëk wuɔ. Tiɔp abï rïc cuɔ̈ɔ̈t në ye yic.

   Yic akɔr bï kuum, Thudän acï Nhialic yic ëcï määr cɔk tuëny rɔt nhial Omer ba ŋö looi gam löŋ luel Jɔɔn Gërëŋ oo oo oo oo cakë Jɔɔn cɔk luel pinyde ku luɔ̈i ërɔt thelemu gam dɔ̈ɔ̈r.

2. Na cɔk kɔc laar yen tiɔp, kë piɔ̈u acïï dhuk ciëën; cak ya mɛn cien kɔc dhiɛɛm wei në ye yic ëka cukku wan. Wuɔ cïï thiaan në tiɔm da nyin buk riɛɛc acïï rɔt lëu, agut bï Nhialic Jɔɔn yiën pinyde bï abɛɛr

ke yiic paac në tiɔp. Cïn ye yïc yen tiɔp cie piŋ, ka cïn ye nyin të ye daai, jal bëër yïn tiɔp.

3. Thudän ee paan cïï määr bï nyɔk; tiɔm cïï SPLA, jieny ë Jɔɔn Gɛrɛŋ mëël në rimke. Nhialic abï yic tuɔ̈ɔ̈c. Tiɔp: awär määth, awär kë ca dhiëëth, awär määl cinic piny. Tiɔp aye dhiëëth yic raan bï mïth cil ëke lääu, ku liep ëke nyïn bïk cuai de piny nyic; ye luɔk në ŋö!

KÄ CÏ KEEK GUUM WÄÄN CÏNNË BAAI BËNBEI

Wään cïnnë baai bënbei, aaye thɔ̈ɔ̈ŋ ke këriëëc ëbën bï piath, ku ka cï rɔt bën wel ke baai cï ya kë de kɔc diääk. Guɔ̈m ku mamdït aacï röth bën wël kɔc ɣɔn luel baai:

o Jieny ɣɔn thär baai,
o Kɔc ɣɔn ye mïïthken ku mïthken juaar në këde baai.
o Abɛɛr
o Agut cë kɔc cï baai ke lɛɛr ku kɔc kɔ̈k ëke cï gum në këde baai, aacïnnëke nhïïm bën määr në keek.

Ëkäkë aake ye keek jal guum ëlik. Na them ba gööth ëka cït ke yïn kuc yeeŋö ë thäärë baai! Nëŋö baai acïï thär ba cam; aathär bï raan ëbën nhomlääu. Ku na päl yeen ëya, ke baai acïï thär bï mïthku, ku mïthke kɔc niɔp bïkë nyïn kuany ka bïkë ciën pïïr pieth. Baai aathär bï raan ëbën thɔ̈ɔ̈ŋnhom ku bï naŋ pïïr pieth. Kɔc juëc aa ye jal pïïr ëke dëŋ piɔ̈ɔ̈th! Acï döŋ ajiëëmë nhom!

Wään berë tɔŋ thɔ̈ɔ̈r në run de 2013, kɔc juëc aacï ke nhïïm bën ya jääm ku yïkë röth thiëëc yï, Yeeŋö na bɔ̈ tɔŋ ke näk wuɔɔk në tök, ku cïï mïïth wuɔ ye lëu në tök? Wuɔ ye nhïïm määr në röth të cïnnë käŋ piath, ku na bɔ̈ këthär ke wuɔ ye röth tak! Cïï piɛth bukku ya thɔ̈ɔ̈r në tök, ku ciëmku në tök ëya? Yuku tök looi në kööl de riääk ku kööl de loi.

Ëtɔŋ wään ber rɔt jɔɔk në kaam de Junubïïn në röth acï kɔc juëc bën thiäiwei në bëiken yiic! Ku ka cïn raan ë nyic yeen lan bïnë Junuub ke nhïïm bën wël röth. Kɔc aacï bɛr gum cï mɛn de aköl yɔn thëër ëke baai.
Aye guɔ yök të le yïn cath në keem yiic (yän cieŋ abaköök keek) në Uganda ka Kenya ka Yithiopia ka Thudan. Yïn ye nyin kuany në kɔc. Kɔc ëke ye keek cuɔp wei në bëiken yiic ëke kuc këthär. Aake ye dumken puur ku mac kë yɔ̈kken ku lɔ keek cuɔpwei në tɔŋ ëjɔk rɔt të kuckë. Ëmɛɛn acïn raan yekë thiëc kë näk keek! Na lɔɔr në Kanithaai yiic, ëke Nhialic yetök yennëka yekë wël röth. Aaye Nhialic thiëëc në diɛt yiic ëke dhiaau piɔ̈ɔ̈th agoke kuɔ̈nybei në ye anuaan dïïtë yic. Yenëka cennë Dupiööc Petero Gërëŋ Bul Yuaŋ ye dine bën cak:

1. Duluëŋ de wëikuɔ, Nhialinyde pïïrda!
    Awä Awä Yïn läŋku. Nhialic käcë piɔ̈u në wuɔɔk; anɔŋ kä dhal wuɔ kä nuan wuɔɔk, kä cuk ke lëu të ciennë Yïïn.

    Wën de Dabid eei! Wuɔ cɔl Yïïn, cï cɔɔr aɣɔn në dhöl ŋeep, buk pial në Rinku, Yïn atɔ̈ ke Yïn Ye Duluëŋda Wää nyaaië anuaanë
    Bëny acuk waai në Rinku yïn Krïtho.

2. Yuan cït thieny de Mothe;
   Amukku në cin cuënyda, wëtdu Yekoba; Atö në wuɔpiɔɔth ku ka ciëŋ në
   wuɔ yiic, Wuɔ yup wëëric wëër de badhɛɛl,
   Bënydït në gämda, bï baar yeyic tek baar de anuɛɛn,
   Agoku tëëk cï Yithërɛl, yɔn cïnke bën tëëk në riɛlic.

3. Acïn kë ye yï nuaan Yïn Bënydïïtda, yenka cïn riɛm de tik
   Cï kuëër piny në run keethiëër ku rou bën teem, në gäm,
   yen Yïïn gam ke Yïn ye Wën de Nhialinydït.

4. Acïn anuaan cï Yïïn kan tiaam Bënydït pïïr, Yen ka tiɛɛm Yïn thou
   ke cï raan ëbën Göök Wää, në pinyënhom acïn kë dhal Yï, Bär däk
   anuaanë yic Baba, Ee Yïïn Yïtök Yïnëka bï ye looi.

5. Rinku Yïn Yecu Krïtho, aaye Rin lajik,
   Aaye Rin ye wuɔ ke tiëm Baba, Ayukku gam ke riɛɛrdu,
   Ye wuɔ këriëëc tiaam eei!

Guöm cït ye kënnë ke baai cï bën bei, yennëka cïnnë kɔc kee wël biöthkë bën ya lueel ëke dhiau piɔɔth:

WËL ËKE LUEEL KEEK NË THEƐ KE GUÖM KU DHIËN DE PIÖU

SPLM Ke Cäm De Kɔc Ku Näŋ De Kɔc!

Ëwɛtë alueel Dïktoor Jemith Okuk yɔn cïnnë tɔŋ rɔm në run de 2013. Nëŋö tɔŋ ee jɔk rɔt ke ye teer në kaam de SPLM në rɔt, ku ka cï baai ëbën bën riɔ̈ɔ̈k. Kɔc juëc aacï bën thou, ku thiëi kɔc juëc wei paan de Junub Thudän.

Aye Okuk lueel ye wään tɔ̈ SPLM ke matic, ëkaa ye käke raan

ëbën cam, na wään ale këëk në rɔt, ke ber raan ëbɛn ya nɔ̈k agut cï raan kuc këthär! "Na cï SPLM Yeyic Mat Ëka Cam Kɔc, Ku Na Tek Yeyic ËKa Näk Kɔc." Alueel Okuk!

Gëlku Wuɔnyïn ku Pälku Aŋuem

Ëkënnë ee wët ë lueel bäny de jiec ye cɔl Wuɔɔr ë Mabiöör. Aake tɔ̈ tɔŋ ku pïïr acï yic jal riɛl nëŋö mïïth aake liu ajiec anëk cɔk arët. Na ɣɔn në kööltök ke mïïth diääk bɔ̈, go jiec ku kɔc baai ke kɔɔr bï keek tëër. Go Wuɔɔrdït ke yɔ̈ɔ̈k ye kɔckuɔ, "Gëlku wuɔnyïn ku pälku aŋuem në wuɔthäär." Luɛɛlde ee bï ŋɛk kë bï ye kony wëi lööm ku cie kë bï ye cuaai. Ee thaa de bï wëi gël duɔ̈k ëke bï cɔk ke nyaai. Aŋuem ee kë lɛɛn ye jääl ku lee dhuk të tɔ̈ë kë cam.

Wuɔɔrdït aaluel ëwëtë nëkë ecï kueeth, nëŋö anɔŋ raan töŋ de apuruuk ëcï cuïn de kɔc kee ŋuan puɔ̈k në ye cin ke yee tak ye bï aŋuemke cɔk tɔ̈ yetök.

Na Ca Tök Wuɔ̈ɔ̈c Ke SPLA Amär Nhom Në Käpiɛth Wään Cake Kɔn Tiiŋ

Ëwɛtë alueel *Kamanda* Majak D'Agɔɔt paan cɔl Buna, në Kapoeta lueel ye, "Në SPLA yic ëtënë, na ca käpiɛth cak looi keethiëër, ku lɔ tök wuɔ̈ɔ̈c miäk, ke kɔc amär nhïïm në thiëër piɛɛth wään ca looi, ku ye töŋ ca wuɔ̈ɔ̈c yen kuenkë!"

Kuɛi De Wël Ee Kërac!

Ëwëtë alueel Akɔl Kɔŋɔ̈ɔ̈r Rëëc ke jiëëm ye nhom, paan cɔl Naruth. Akɔl aacïï piɔu mit në të ciɛethë käke kanitha thïn. Go raan töŋ de abuun Akɔl yɔ̈ɔ̈k bï ye kë mɛɛnë lɔ lueel të lenë kɔcdït ke käke Nhialic mat. Go dhuk ye, "ɣɛn cïn thöny lëu bï ɣa lɛɛr në amatdenic, akee ba wëtdië kuai, ku kuɛi de wël ee kërac. Wëtdu acie lɔ lueel cï të kɔ̈rë yeen.

SPLA Ee Tieŋ-Mam

Ëwëtë aa lueel Lual Diiŋ Wöl ke cï piɔu dak në të yennë SPLA kɔc keen ëke cï kɔ̈ɔ̈c kennë yeen rokic tieŋ thïn. Kɔc juëc ëke kën röth ɣooc në tɔŋic aake ŋɔ̈ŋ. Na wään alɔ kɔc ëke cï jäl në SPLA yic dhuk ciëën ëke nɔŋ käŋ, ku cïk röth juiir, go ya keek ke yee SPLA ke ruëët arët; ku mëër nhom në kɔckeen wään mam rokic nëkë de baai. Go Lual ye wëtdeennë jal lueel ke dhiɛɛu yen piɔu ye, "SPLA ee tieŋ-mam; ee mïthke kuɔ̈c muk abïk nuet. Ku na lë ye tïŋ mɛɛnh de raan dët cï ŋiëc muk, ëka ruëët ku dɔm, ku boom, ku jɔl ciim thok, ye këdië këdië yoou!"

Ma Yawu Bäth

Ëwëtë aaleeŋ Bäny Kiir Mayäärdït në Nairobi ke kee jiëëm kɔc kennë Jɔɔn Gërëŋ në të bï thäär baai. Aalueel Kiir ye Lual Diiŋ ee jam ke Muɔny Nuëër në thaa ɣɔn mët Anya-nya 2 rɔt SPLM/A në run de 1987. Lualdït aathiëc Muɔny Nuëër ëbɔ̈ ke

Anya-nya 2 ye, "kara mɛɛnhkääi yeeŋö yakë thɔ̈ɔ̈r wen në wuɔɔk, na jiëlku paanda ke wuɔ lɔ Ethiopia tëde piööc, ke we kaŋ wuɔ të tëëk wuɔk paanduɔ̈n ku na loku dhuk ciëën ke wuɔ lɔ thɔ̈ɔ̈r në Arap ke we ber wuɔ kaaŋ! Cakë nhiar bï kɔc thɔ̈ɔ̈r kennë Arap?" Go dhuk ye, "Anhiarku." Go Lualdït bɛr dhuɔ̈k yeen ye, "akee bukku päl week bakë thɔ̈ɔ̈r weepëi yen baai, ku buku wuɔ cin nyaai thïn?" Go dhuk ye, "Acïn tɔŋ lëu bï tiaam ke Jiëëŋ liu thïn." Go Lualdït lueel ye, "akeeŋö yakë thɔ̈ɔ̈r wenë wuɔɔk?" Go dhuk ye, *"Ma yawu bäth!"* luɛɛlde ee: thubaŋ, ka abac, ka yeya, ka ëkaya!

Ŋɛk ke Pïïrde!

Në thɛɛk wään tueeŋ piɛcë kɔc ke lɔ Nairobi, Kenya, ëkaa nɔŋ diäär nɔŋ käŋ ëke ye kɔc lɔ tɔɔn në bëiken yiic të cïnnë paandu yic käpiɛth ke rëër ka käpiɛth kɔ̈k yennë ke ɣööt dhuëëŋ yiic. Ëtëën, acïï Acol Atëm Gäk ye wëtë bën lueel ɣɔn në kööltök ke jiëëm yenhom ke rëër ke mäthde ye, "Akuɔ̈c kë cï kek ŋɛk ye puɔ̈l bë pïïr në pïïrde." Acol aaluel ye wëtë, nëŋö pïïr acïï thöŋ; raan nɔŋ cin käŋ acïï lëu bë yenhom thɔ̈ɔ̈ŋ ke raan cïn pïïr piɛɛth tɔ̈ kennë yeen.

Nhialic Cɔ*k* Ye Nyuɔ̈th!

Ëwëtë alueel lathkër de SPLA ke cï jieny de akuma de Thudän dɔm! Yeen, elathkër kënnë ee tïït në *doorëya.* Na wën ke dɔm nïn, go nin. Go jieny de akuma bën ku yök ke nin. Gokë tuɔɔr lööm ënɔŋ yeen, ku jɔlkë puɔ̈ɔ̈c bï rɔt jɔt. Wën liep en ye nyin, go nyic ke ye jieny de akuma, go dhuk në nïnic ku lueel ye "Nhialic cɔk ye nyuɔ̈th!" Go kɔc nyic thok cath kennë jieny de akuma dɔl arët, ku guïïrkë Areep ye jiɛc. Go Areep dɔl ëya, ku dhukë dhaŋde ke cïï kek dɛɛu nyaai thïn, jamkë yï, "Acïn kë nyic pälku (ee *mithkïïn)!*" Gokë jal puɔ̈l.

NYÏC

Jäl de Gërëŋ Aŋuën Thon de *Alip Jundï*

Ëwëtë aalueel Bäny de Thudän cɔl Japer Mamed Nïmeerï yɔn piŋ yen Jɔɔn Gërëŋ ke cï yɔɔtwei Boor. Yɔn thëërë tɔŋ Boor në pɛɛi nïn 16/5/1983, akuc Nïmeerï lan këëcë Gërëŋ kennë jiɛc ke *Junup* yɔn thäär në Madiŋ Boor. Go ya lööm ke yee kë thiin koor. Na yɔn lee ye piŋ ke Gërëŋ cï yɔɔtwei ëya, go lueel ye, "jäl de Gërëŋ De Mabiöör aŋuëën ë thon de *alip jundï*"(thon de jiec biänabuur de Thudän). Aanyic Nïmeerï apiɛth, ëkë bï bën ke jäl de Gërëŋ, ku ka cï rɔt bën dhiɛɛl ëjik në thaa wään thëër ë tɔŋ. Tɔŋ acï yic bën rier arët në akiir ke Gërëŋ, ku nyïnyde.

Piny Amec; Aabï Thuɔl!

Ee Jieny de SPLA yennëka tëk paan de Aliap ke lɔ tɔŋ. Go Muɔny Aliap lathkër tök jal thiëëc ke cï gäi në käjuëc cïke ruɔ̈k në ye guɔ̈p nɔŋ yïi tuɔɔr, *kupup, järbääniya*, konh de dëk, *thɔŋkï, garanet*, bek ku ka juëckɔ̈k yïn ya. Go lathkër ke kueen në rinken ku luɔɔiden. Go Muɔny Aliap bɛr thiëc ye: "Yan yeeŋu yee kek juëc ëkälä?" Go Muɔny Aliamdë kääc ke pïŋ lathkër dhäŋwei, ku bëër jiɛɛm ye, "Wënde Nyïŋëër piny amec; aabï thuɔl kee käjuëckë, akee kë lɔthar gɔtɔtë (tuɔɔr) yennëka bë döŋ yetök!"[1] Ëwëtë ee lueel Muɔny Aliap ke jäny raan cï gäi në käjuëc muk lathkër de SPLA keek.

Dhuk Rɔt; Aalök Dë Gɔl (Jɔɔk)!

Ee Muɔny Aliap yennëkaa cïnnë mïthke lɔ Ethiopia yɔn lenë mïth nhial.[2] Na yɔn acï kɔc lɔ kat Ethiopia, go kɔc bën Kakuma, Kenya. Go pïir yic bën riɛr arët paan de Kenya; cïï ber ciët pïirde Ethiopia. Go wëntöŋde wëtke ye raanë dhuk paan de Aliap. Go wun thiëëc ye, "yeeŋö yïn lɔ dhuk?" Go jam ye "pïir de Kenya acïï cït pïir wäär de Ethiopia; e pïir rac arët!" Go lueel ye, "cï mïth ke Buɔɔr jäl?" Go lueel ye, "Kaa tö!" Go weŋ yaac wei ku yöök wënde ye, "Dhuk rɔt mɛɛnhdië. Na yee Buɔɔr ëkaa lök dët gɔl (jɔɔk)."
Na lɔ wënde dhuk Kenya ke bö ku yök mïth ëke lɔ Amerika, ku cï rinke piäät ke ye raan lɔ Amerika ëya. Go jal guɔ ya raan töŋ de kɔc lɔ Amerika në ye thaa yɔnë. Na cï lɔ Amerika, go wun lɔ tuɔ̈c wëu ben ke bën yööc në yɔ̈k paan de Aliap. Go wun piɔu miɛt arët ku yöök wënde ye kë wään ya nyic ëkan.

---

[1] Ëkë yɔn lueel Muɔny Aliapë acï rɔt bën dhiɛɛl në yic. Ekä juëc yɔnë aacï bën thuɔl ake dhaŋ/tuɔɔr yenëka cï bën ya duut nyin ke mɛt wei ëya!
[2] Lɔ Ethiopia yɔn yen ka ye cɔl lɔnhial.

Thööc aŋoot ke kën Wun Yök

Ëwëtë aalueel bëny Thälpa Kiir Mayäärdït në thaa yɔn jiëlë William Nyuɔɔn, në Pagëërï, ke ye *neep* (bëërbëër) de Jɔɔn Gërëŋ. Kerobino Kuanyin Bol acï kɔn jäl në ye thönyë yic, go Nyuɔɔn nyin löökic. Ku na yɔn ber Nyuɔɔn yɔɔt wei thïn, go kɔc kɔ̈k lööm cït ke yee kë bë rɔt ya looi në nyindhie (bë ŋɛk ya bën ku jiël)! Na yɔn në kööl tök ke Thälpa Kiir jɔl amatdït cɔɔl bë jam kennë kɔc ëke tɔ̈ paan de Abaköök cɔl, Amɛ. Go raan töŋ ye cɔɔl, Aliɛɛr Biaar Malual (Lönh-Amuɔ̈ɔ̈r), rɔt jɔt ku thïïc Thälpa Kiir ye, "Kara bëny Kiir, yeeŋö ye we yɔɔth lïl në ye thönyë yic; ke ye we yɔɔt wei thïn?" Go Kiir dhuk ye, "Alirdït, thööc aŋoot ke kën wun yök, ëmɛɛn acï wun jal yök." Luɛɛlde, ee Kiir yen kee raan bï jal lɔ rok në thööcic; acïï bë bɛr yɔɔt wei.

Jiëëŋ Aba thöŋ Amook!

Ëwëtë alueel raan cɔl Macuɔɔr Ajak-mathiäŋ Atëm në thaa wään cïnnë käŋ jal rac, go juur juëc kɔ̈k jäl në SPLA yic ku dɔ̈ŋ Jiëëŋ. Go ye wëtdeennë lueel ben kɔc muk piɔ̈ɔ̈th në thaa yɔn cï kɔc piɔ̈ɔ̈th duör lɔpäk në tɔŋic. Jiɛɛm ye jäl de jurkɔ̈k në wuɔ kɔ̈ɔ̈th acït jäl de aŋueem në raan thar! Na cï raan nuei ke aŋuem aaye jäl ku dɔ̈ŋ amok ke kääc ke cïï rɔt yoc tëde. Na miäk lɔ raan cuai, ke aŋuem aadhuk röth në amook köu, bïkë kum.

Yennëkee cɔ̈ɔ̈k de Jiëëŋ; Jiëëŋ akääc në cök yiic, ku ye juur cï cak jälë aabï lɔ dhuk ciɛɛn, ku yökë Jiëëŋ ke kääc tëde!

Këëk de Yïï Liep ke Guɔ̈l acïï ke ye Tek yiic

Ëwëtë a lueel Lual Diiŋ Wöl³ në thaa ɣɔn mëëtë keek ke Jɔɔn Gërëŋ. Lualdït acï këëk ke Gërëŋ në biäk de *thieetha*. Na ɣɔn ke them kɔcdït ke Aweil bïk Lual jɔ̈ɔ̈ny, ku yöökkë bë ke määt kennë Gërëŋ. Go Lual gam në thoŋ de kɔcken. Na ɣɔn alek paan de Gërëŋ ku gɔl jam, go ya Lual yen kɔn jam gɔl në wët de dɔl jiɛɛm ye, "Gërëŋ ë ma, kara na cï yïï liep këëk ke guɔ̈l në raan thok, ëke ye lɔdë? cïk ye rëër ëtök në ye thoŋtöŋë yic?" Go Gërëŋ dɔl ku yen ye gɔc de dɔ̈ɔ̈rden.

Cuɔɔr Acie Göör Abac!

Ëwëtë ee wët ë lueel Jɔɔn Gërëŋ ke cï piɔ̈u riääk ënɔŋ raan ye cɔl Jimmy Karta (Carter). Jimmy Karta amɛɛn kɔc ke SPLM/A arët në kë ëyen käke Akuma de Thudän dɔc kuɔny cök. Na ɣɔn në kööltök ke jal bën Kenya bë bën jam në biäk de dɔ̈ɔ̈r, ku ka nyic Gërëŋ ke ye raan cïn kë lëu bï kuɔny SPLA. Go Gërëŋ yɔ̈ɔ̈k ye ɣen ye raan de kuan ye mac në ɣɔk. "Na yee yïn tïŋ cuɔɔr ke göör ëka nɔŋ lën cï thou ka lën kɔɔr bë thou. Na ye tïŋ ke SPLA kɔr bï thou ëka cïn kë näk en." Na cï Gërëŋ ëwëtë lueel ke jɔt rot ku jiël, ku yen ye thök de amatde kennë Karta.

---

³ Lual Diiŋ aye raan tön de kɔc ëke ŋär SPLM/A rokic wään thëërë baai.

Duɔ̈kkë Ya Ye Nuaan Në Ŋuɛl Ke Thiɛm!

Në thaa ɣɔn yɔɔtë wei, ke kɔc juëc ke Kɔryɔm[4] aake ye kɔc ëke jiël në wuɔ̈t yiic. Na ɣɔn acï piööc thök, paan cɔl Boŋga, ku lonyë jiec piny, go kɔc kɔ̈k nëke yiic yiën piöth (*ciriit*) bïkë ya bäny. Ëtëën acïnnë raan töŋden ëjiël ke ye bäny wut bën tääu ke ye *arip* ku yïnë *thïm (jamaa)* nɔŋic mïth ëke bɔ̈ rɔɔk, gokë ya dhɔ̈l guɔ̈p në kë kën yen piöc; yïkë jam yïï thueet ŋɔ̈ɔ̈r. Na ɣɔn në kööl tök ke jal piɔu riääk arët ku yöök keek ye, "Duɔ̈kkë ɣa ye nuaan në ŋuɛl ke thiɛm! Yɔn yan bäny wut; ɣɛn ee mac wut ke nɔŋic: jɔ̈k, ku ɣɔ̈k, ku dhäk, ku röthii ku nyïïr!"[5]

Anɔŋ Kë Ye Ŋuëëc Thïjäära!

Në thɛɛ ɣɔn ke tɔŋ, ke mïïth aake ye yiic riɛl arët, ku kɔc aake ye thɔ̈ɔ̈r në jieny de akuma të cïnnë ye yök rokic ëtëën. Na ɣɔn në kööltök ke jieny de Anya-nya1 jal thät ku raan töŋden akääc ke tït (*dooriya*). Go raan wën tït thïjäära ŋöör, ku kuc të mɛɛthë ye thïn. Go nyic acïn kɔc kɔ̈k ye *thïjäära* maath ke cie jieny de

---

[4] Kɔryɔm, akut dïït töŋ de akuut ke SPLA ɣɔn thär baai.
[5] Ë raanë aanyooth ŋɔ̈ɔ̈r riric cï kan looi. Bäny wut wäär paan de Jieŋ aa ke ye mam arët: jɔ̈k aabï ciɛk kɔc kɔ̈k kual, ɣɔ̈k aabï kä rɛc kɔ̈k looi, dhäk ëya aabï kä ke pial de yiic looi, ku kä bï kɔc këëk, ku nyïïr ku röthii aabï röth guɔ liaac. Nyïïr ëya aalëu bï monytök ke këëk, ku yen ye cɔ̈ɔ̈k de röthii ëya aalëu bï nyan tök ke këëk. Ku kënnë ëbën aye bäny wut ret abë kɔc rëër ëduk/ëlou.

akuma. Go kɔc ken yɔ̈ɔ̈k ye "Yɔ̈pkë cuaai ku tääu kë rïŋ në jiep yiic, anɔŋ kë ye ŋuëc *thijäära*!" Acïn kë kɔr bï waan ku cuaai aa cie lɔ në jieepic. Go ŋuëën bï cuaai yöɔ̈p ku bï rïŋ muk në jiep yiic.

Piny Acï Boor Në Lueth

Ye wëtë alueel Bol-Mawut në thɛɛ ɣɔn yennë ke yith maan. Kɔc aake cï nhïïm lïääp në ye thaaë abï yic duɔ̈r määr. Na ye jam në yith ke yïnëka ye tïŋ ke yïn ye raan rac. Go kɔc ye yith lueel ya maan. Na ɣɔn në kööltök ke Bol-Mawut jiëëm raan töŋ de kɔc cï keek maanë ye, "palë rɔt piny, baai acï boor në lueth. Ku na cï boor në lueth cït yemɛnë ke kɔc bë kuaŋ lëu thïn aaye kɔc ye jam në lueth!"

Kɔnkɔ̈ɔ̈c Bëtakumde Yawu Bëjip Wëtkë Badeen!

Anhiɛɛr Jiëŋ bë kë näk kɔc kan ya tïŋ ku bë jal kat në yeen. Ëkënnë acïk bën ya looi në thɛɛ wään ke tɔŋ. Na bɔ̈ antïnob ka dë näk kɔc ëkaa yee kɔn tiit ku jal kɔc bën kat. Na lë cï jal tïŋ ke ye kë näk kɔc, kekaa jal röth yɔ̈ɔ̈k ya "Wëtkë," antïnob (Tiɛɛr) acï bën. Na ɣɔn në kööl tök ke kɔc piŋ antïnob ke wuu nhial, go kë lueel ye bïkë kan tïŋ bïï tëno ku leer tëno. Go muɔny Jur rëër kennë keek, ku cï yekënnë kueeth jal jam ye, "kɔnkɔ̈ɔ̈c *bë takumde yawu bë jip* wëtkë *badeen*!" ku kɛtwei, lee thiaan.

Ëtë Muk Yïn Mïth Thïnnë *acie* safe

Ee raan ëjiëëm raan kën thiëëk ago thiëëk. Go raan ya dhuk ëmääth ye ɣen bï thiëëk; acïn të dëënyë thiëëk kɔc thïn. Go dhuɔ̈k yeen ye, "Mäth, ëtë muk yïn mïthku thïnë *acie safe* (acïn kony). Nëŋö, mïth kënnëke dhiëëth aakucë ke pïïrden." Lueɛl de ye wëtë, ee na nɔŋ kë yök raan kën thiëëk, ke mïth tɔ̈ në ye guɔ̈p aacïï beer ëke dhiëëth.

Ye mïth ateɛr bɛ puɔ̈l në ɣa yic akaa cïï ɣa bï dhiöm rou

Ee raan cï köny yenëkee jiëëm yenhom në guëŋ ke yee kueer ben kë ŋom ye lëk kuande bï juër ɣɔ̈k ben ke thiëëk. Etë wën leeŋ en ke kɔcë ekee cï yiën kuääi, go yic roor ëtɔrtɔɔk abï piŋ në raan ëbën. Go lueel ye, "Akɔc, ye mïth awuɔɔu thec në ɣayic, yïkë lueel yïï ba ŋö looi kuka cïn kë tɔ̈ ke ɣeɛn ban manëden thiaak aguɔke dhiëëth biyic cï jur nɔŋ käŋ. Eedë pëlkë röth piny, aabï ɣa dhiöm rou abac. Go kɔc lɔ tuŋduur në dɔl. Kuanden acïï wëtde bën dɔm në ayäär, gokë kecin juaar, yökë ɣɔ̈k, thieɛk kek ke tiŋde.

Raan cam në ye runë, ee raan cïï raande thou ku raan thiëk

Eewëtë ee lueel Ayaac Adit Deŋ-wïïr (Ayaac-jok) ɣɔn kɔɔrë wënde bï thiëëk, go cɔɔl ku thiëëc thok lan cien miëth bïï jur cam juiir apiɛth. Lueel ye, "Meth, ëmɛn cïn thiëëk takë, ca miëth bïï jur cam kɔɔr? Raan cam në yerunë raan cïï raande thou ku raan thiëk. Ayenë nyuc piiny ku jal këriëëc cäk thok ëbën ku mär kɔc nhïïm mɛn yenë thiëëk kɔ̈ɔ̈c, araan kueth ku raan cïn käŋ aakɔr thiëëk ëbën. Ku ye kɔc ŋɔ̈ŋ ku kɔc nɔŋ käŋ aaye ëkɔc ke thou kedhiɛ. Kuka yenë nyuc piiny ku cëkë këriëëc thok ëbën abï kɔc nhïïm määr në ŋɔ̈ɔ̈ŋdu.

Na ye jɔk jäl në pïu ke ɣen cï dac rony ëna ɣɔn, ajɔk acï dhil jäl
Ee wëtë ee lëkë Ayaac Adit Deŋ-wïïr (Ayaac-jok) Bicep Gabriɛl Thuc Agɔ̈th, kee luk bicep bï yoor nhom. Go lueel ye meth na ye jɔk jäl në pïu ke ɣen cï dac rony ëna ɣɔn, aka ya tak ke jɔk cï dhil dac jäl në ɣa guɔ̈p ëcaŋ ɣɔn.

Wuɔ Bï Röth Dëër Në Thonde Mïth yic
Ëwëtë aalëkë raan mäthdeen ëcï kek dac puɔ̈k tëmec, ku jɔlkë bën rɔ̈mpiny tëdë. Gokë jal mat në muɔɔŋ, go mäthde thiëëc mɛn cien bën thiëëk ka ŋoot, go dhuk ye, "ɣɛn ŋoot ke ɣa kën thiëëk," go mäthde dɔl guɔ̈p në buɔ̈ɔ̈i ku yöök ye yeeŋö tit ku yïn cukku dëëny wuɔ wätriëëcku, yïn bï dhiɔɔppiny abac. Go piɔ̈u riääk ku cïï nyuth mëthë ku bɛr thiëëc mɛn cien thiëëk, go mäthde lueel ye, "ɣɛn cï dac thiëëk akaa ye mïth kek kaa ye thou ɣɛɛn," go lueel ye, "ke wuɔ bï röth dëër në thonde mïthic." Luɛɛlde, ee thiëëk yen acïnnë ye mëën, abï thiëëk ku gɔl dhiëth ke mäthde ëtök, nëkë cïnnë mïth tueeŋ ke mäthde thou.

Raan de Tëŋ de Mïïth Akën Rɔt Yök!

Ëwëtë aalueel Jɔɔn Gërëŋ në thaa wään de tɔŋ ke jiëëm jiec. Gërëŋ aacï këriëëc ëbën kɔɔr tɔŋ bëi agut cï mïïth, ku mïïth acï röth bën kuɔ̈c ya tek. Na ɣɔn acïï Gërëŋ tïŋ ke kɔc dak piɔ̈ɔ̈th në të ye tëk mïïth, go tak bë jam në yeen në kööltök ke jiëëm jieny de SPLA jöt lonyë piny. Aakɔr bë nyuɔ̈th kɔc lan cïn yen kë cïï SPLA lëu bï bëi kë bï tɔŋ cɔk piɛth, akee kuɔ̈c tëk yennëka cïnnë käŋ kɔc ye lëu. "Acïn kë kën bëi akee raan de tëŋ de mïïth yetök yennëka kën yök, ku jɔl ya dhaŋ ye rɔt muɔc yetök."

Rok Acolic

Ëwëtë alueel Abel Aliɛɛr Kuaai ke jiëëm kɔc yɔɔtwei bïk baai lɔ thɔ̈ɔ̈r. Aake weei keek në kä yennëke rok cieŋ, jiɛɛm ye, "Rok acolic". Kë colic në thoŋ de Jiëëŋ ee kë kucë kë tɔ̈ thïn ka kä cieŋ yeyic. Ayennë kɔc cath ëke tit röth ago kë röth cuɔ̈k deeny!

Käŋ Aacï Yaar Ke Liek

Ëwëtë alueel Bicep Nathäniel Gërëŋ Anyiɛth paan de abaköök cɔl Kakuma ke jiëëm duŋɔ̈ɔ̈r ke Kanitha. Kɔc aake cï këëk në kä ëke cï ke juaar ku toocëke baai bïnë ke kɔc mam lɔ kony (alëth, weu, mïïth ku kɔ̈k yïn ya). Go raan ë leer käŋ ke kuɔ̈c lɔ tek. Go kɔc ëke juar käŋ piɔ̈ɔ̈th riääk ku lek guɛl në Bicep Nathäniel nhom. Go lëk keek ye, "Mälkë, käŋ aacï yaar ke liek; dhie na cï piny ya mäi ke piny ee ɣaar. Na miäk alɔ deŋ tueeŋ tuɛny ke pïu ke deŋ/dëŋ tueeŋ aayee γar ke liek. Na miäk acï γar jal thiäŋ ke pïu a jal cöu bïk raan ëbën dëër (dööt)." Bicep Nathäniel ee lëk kɔc bïk nyic ke käŋ cïï kɔc dït piɔ̈ɔ̈th ke jɔt ku na lɔ käŋ juëc miäk ëka bï raan ëbën lëu.

Akɔ̈ɔ̈n Acïï Acuuk Ye Käcic
Ëwëtë aalueel Majak D'Agɔɔt në Pänyagoor kë jiëëm kɔc në amatic. Kɔc ceŋ paan Boor aake cï riɔ̈ɔ̈c arët në kɔc ken ke ater. Go kë piɔ̈ɔ̈th ya naŋ bïï mïthken tɔ̈ në akuma yic keek ya kony në kä ke thɔ̈ɔ̈r. Go Majak jam kennë keek ye wuɔ mïthkuɔn tɔ̈ në akuma yic, wuɔ cïï lëu buk we yiën kä ke tɔŋ në ŋö wuɔ ye bäny ke kɔckuɔ̈ɔ̈n ke ater ëya. "Wuɔ ye akuma, akuma acït akɔ̈ɔ̈n mɛn cïï lëu bë thɔ̈ɔ̈r kennë Acuuk." Yennëkee cɔ̈ɔ̈k de akuma kennë kɔc mɛc keek. Aacïï keek ye käc yiic adë kaa riöpke piny.

Riääk De Baai Acie Liu De Mïïth; Ee Riääk De Wël
Ëwëtë aalueel Abun Jothep Bul Gërëŋ Bul në jamic në thaa γon cïnnë kɔc nhïïm liääp në biäk de kanitha. Aalëk kɔc bïk nyïn tïït në kä ye baai wet piny; lan cen ye cok ka kɔ̈k ye kɔc nɔ̈k baai akee riääk de wël yennëkee baai riɔ̈ɔ̈k. Lueel ye, "Riääk de baai acie liu de mïïth ee riääk de wël."

Ye Yëp Ka Raan Yep Tim Yen Dhälkë!

Anɔŋ raan cɔl Mathɔn ë Mathɔn aaye wël lëk kɔc në dhɔ̈l kuɔ̈m në thɛɛ ɣɔn ke tɔŋ duɔ̈kke bï kɔc ke akuma de Thudän deetic. Na ɣɔn cï tɔŋ yic jal riɛr arët, go kɔc kɔ̈k ëke ye piɔ̈ɔ̈th lɔpäk ya dhuk geeu (rɔɔk). Go kɔc ëke thär baai në ke thook në biäk thïn, cït yï Mathɔn ë Mathɔn, ke kueeth. Na ɣɔn në kööltök ke jal kɔc ye dhuk geeu jääm në wët cï thiaan kɔ̈u ye, "kara yeeŋö ëkë ye we bɛr lɔ ke we lɔ nhial në tim yep; ya raan yep tim ka ye yëm yepë tim yen dhälkë?" [6]

Ayäär Akënnë Peec Ke Yɔ̈k

Ëwëtë alueel Majak D'Agɔɔt në Pänyagoor ke jiëëm kɔc në biäk de cieŋ. Kɔc aake cïnnë cieŋ ëliu kennë keek thɛɛr rɔt gɔl në ke yiic abë remthi ya cuëër, ku yïkë luui në kä thii kɔ̈k piɔl yiic. Kɔc aake cïnnë ayäär ke jäl nëke yiic (ake cï nyɔŋ de ayäär cuet). Go Majak kɔc yɔ̈ɔ̈k, në thaa ëcïnnë kɔc ke nhïïm määt bï të bïnnë baai cieŋ thïn jaamic, lueel ye, "yeeŋö cï ayäär nyaai, ku ayäär akënnë peec ke ɣɔ̈k? nëŋö, riɔ̈ɔ̈c de guɔ̈p yennëka yennë ë paandaannë cieŋ thɛɛr ke cïnic aliäp."

---

[6]Mathɔn ë Mathɔn ajam në kɔc thär baai (SPLA); go wët lueel ke cï thiaan kɔ̈u ago kɔc ke ater cuɔ̈k detic. Thudän yen ke tim, ku raan yep time ee SPLA, ku yëp yennë dhaŋ thëërë baai.

Raan Macäär Acït Amäi Piiny

Ëwëtë alueel Abdelbagi Ayii Akɔ̈l në amat de akuma yic në Kartuum. Acï akuma de Thudän mat bï Jiëëŋ ëbën nɔ̈k në Thudän abï ciɛn raan töŋ dɔ̈ŋ, ku Ayii aatɔ̈ në ye amatë yic. Go piɔ̈u riääk ku yöök Areep ëke tak yekënnë ye, "Raan macäär acït amëguak ka atɔm adhiɛ ye mäi piiny. Të nyuënë dom de amëguak ëka cïï raan ye ŋic lan nɔŋ yen nyin cï döŋ piny, ku na lɔ deŋ këër miäk ke amäi piiny wään cï thiaanë ajɔl cil. Yen duɔ̈kkë thööŋ wuɔ̈ɔ̈ bakkë Jiëëŋ thöl nyin në pinynhom; abakë nɔ̈k ku ka cakë bï thöl nyin!"

Aŋui Acie Lɔ Cuëër Ke Mïth

Ëkääŋë alueel kɔcdït ke Aweil ëke jiëëm raan töŋden ëcï piɔ̈u riääk nëkë cï meth luɔ̈i yeen. Ë raandïïtë, anɔŋ këdeen ŋɔlthar ëloikë ëtök ke mɛɛnhthiin ruëëike; go rɔt yök ke cït ke cï meth muɔ̈ɔ̈tnyin. Na yɔn ke jal kɔc dït kɔ̈k cɔɔl bë luŋden looi. Na wën acï jam thök, ke jɔl gɔ̈k (leŋ) ke kɔc thöŋ kennë yeen. Gokë yɔ̈ɔ̈k ya, "kara yeeŋa alëk ye yïin lan yennë aŋui lɔ cuëër ke mïth?"[7]

---

[7] Aayee lueel ya aŋui acie lɔ cuëër ke mïth ke nëŋö na ye thaa cïnnë cɔk mïth dɔm ëkaa lɔ cuëër në akɔ̈l ciɛlic ku lɔ keek nɔ̈k, nëŋö keek aakuc akiir (aciir) ke cuëër.

Riäi Acïï Wuɔ Lëu Në Tëëm Wuɔdhiɛ!
Raan ye cɔl Lual Diiŋ Wöl ee jam arët në kä dɔlë keek. Yɔn cïnnë cuɛt thiɔ̈k bë Junub tëk bei në Thudänic, ke kɔc aake cï nhïïm lɔcɔ̈t në wët de Abyiɛi, ku Nuba, ku Blue Nile. Na yɔn në kööltök ke Lual Diiŋ Wöl lɔ ënɔŋ Kiir Mayäärdït, mɛn ye bëny de baai ku yöök ye, "Kɔnku tem laŋtui ku buk jal lɔ tak lan bï wɔ keek lɔ tuɔ̈c riäi, ka buku keek lɔ diëëi, nëŋö riäi acïï wuɔ lëu në teem aүeer ëtök wuɔnnë keek, adë ke wuɔ dïir wuɔdhiɛ!"

Bääny Acie Tiɛɛt Në Kɔc yiic
Ëwëtë alueel Majak D'Agɔɔt ke weei kɔc në Kartuum, ye ka cie bëny yen ëye bëny dhiëëth. Bëny alëu bïï raan cï rɔt yök dhiëëth; acïï lëu bï tiɛɛt në bëny yic ya bëny bï baai mac miäk abïï bëny mac baai ëmɛnë dhiëëth.

Ee Raan Cï Thou Yennëka Cie Luk
Ëwëtë aalueel Yïthaya Col Aruëi (Col-Amot) ke jiëëm kɔc ëke cï keek nyuɔ̈ɔ̈n gup në kë kënkë looi, ye, "Biɛtkë we thook. Thaa abï bën bïnë yith lueel. Raan cï thou yennëka cie luk, ku raan pïir ee bën luk abï yic de yök."

Yic Acie Thiɔ̈k
Ëwëtë alueel Bol-Mawut ke wëët në Juba në Kööl de Jön de Rɔt në thaa wään cïnnë baai nhom liääp. Kɔc aake yeke gup nyuɔ̈ɔ̈n në kä cie yith. Go jön de rɔt de Yecu thɔ̈ɔ̈ŋ ke määr cïnnë yic ye

määr të cɔk ë raan ye them bë muɔ̈ɔ̈r. "Ye, yic acie thiɔ̈k; na yïn cak yic thiɔ̈k aba lɛɛr tiɔm thith, ku jatë kuur në yenhom, ëka ŋoot ke jɔt rɔt. Yennëka cïnnë Yecu rɔt jɔt; nëŋö Yecu ee yic."

Mät Acie Bakë Thöŋ

Ee Bol-Mawut yennëkaa luel ye wëtë ke wëët. Athööŋ mät ke yïŋ de ɣöt. "Na yïk ɣöt ke käke yïŋ de ɣöt aacie thöŋ, kɔ̈k aa ye dït (cï mɛn de dhïŋkï), ku kɔ̈k aa moth thook (cï mɛn de mathumäär), ku kɔ̈k athoi kɔ̈ɔ̈th (cï mɛn de tiim ke yïk). Yɔ̈cden ëya acie thöŋ, kɔ̈k aatɔ̈ nhïïm nhial, ku kɔ̈k aatɔ̈ nhïïm piiny. Ku kë thiekic në yekënnë yic ëbën e män ye kek mat abï ɣöt kɔ̈ɔ̈c. Nëŋö na cïkë röth gam ëke wääc yïya, kë ɣöt acïï kɔ̈ɔ̈c lëu."

Wuɔ Bë Dhil Cieŋ Ëtök!

Ee Majak D'Agɔɔt yennëkee jiëëm kɔc në thaa wään cïnnë mïth ke paan de Junub këëk në röth keepëc. Junubïïn aake ye ke thook tek në kuɛɛt, go Majak ye wëtdeenë jal lueel ye, "Acïn raan yee raan bë dhïëëth ke ye lɔc, ee muɔ̈th yennëka yee lɔc!" Aajiëëm kɔc bë kɔc rëër ke cïn atekthok, ku tiɛɛl de röth. Nëŋö, Nhialic acë wuɔ cak, ku tëëu wuɔɔk ëtënë buk cieŋ thïn ke wuɔ ye kuɛɛt wääc. "Juur cieŋ Junub Thudän kedhiɛ, ee Nhialic yennëkee cak keek ku mɛt ke nhïïm bïk cieŋ ëke ye paantök."

Gum ëlik

Aŋuem Ee Lɔ Dhuk Të P̈ïr Ëwëi

Ëwëtë aalueel Jɔɔn Gërëŋ ke jiëëm kɔc ëke kat paan de abaköök cɔl Atepi ëke lɔ Lobonï keeke cï p̈ïɔɔth lɔpäk. Go kɔc jal jääm bïkë ke p̈ïɔɔth riit ye, "Duɔkkë p̈ïɔɔth lɔpäk piath abë bën në thaa cïï mec, na p̈ïr wëi ke aŋuem, ku kɔk cï jäl në raan guɔ̈p aaye bën lɔ dhuk të cïnnë piny piath."

Run Ëthouë Gërëŋ Acïnnë Raandë piŋ

Yɔn në run de 2005, ke raan ee jiëëm raan ruëikek ëye jam ye bï lɔ piööc në wët de Nhialic paandë ku ye paanë anɔŋic riɔ̈ɔ̈c. Go jɔ̈ɔ̈ny bë cuɔ̈k lɔ. Go dhuk ye, "Yɛn bë lɔ, na ca guɔ lɔ thou ke yɛn piööc wët de Nhialic ëka cïï rac." Go ye raanë dhuk ye, "Kee yic ku kë lɛ̈k yïn, raan bë thou në run ë thou Gërëŋ De Mabiöör acïï bë piŋ!" Luɛɛlde ee raan bï thou në runë thouë Gërëŋ acïnnë thonde bï kan piŋ.

Acie Raan cï Thou Yen Ye Baai Riɔ̈ɔ̈k

Në run yɔn thouë Gerëŋ De Mabiöör, kɔc aake cï dhiaau ku cïk duɔɔt arët yïkë jam yïï, "baai acï riääk!" Go raan töŋ de kɔcdït ye wëtë lueel ye duɔ̈tkë we p̈ïɔɔth, "Acie raan cï thou yen ye baai riɔ̈ɔ̈k, ee raan p̈ïr."

Kɔc Cïï Döör Ye Biɔɔth Aaye Dudhuum

Ëwëtë alueel Abun Jɔɔn Ayuël Wuɔɔr ke wëët në Nakuru, Kenya ke pɛɛi ye nïn tök, pɛɛi de tök 2017, lueel ye, "Kɔc ye

Nyïc 35

Yecu gam aabë dhil ya kɔc ke dɔ̈ɔ̈r, nëŋö Yecu ee Mëlëŋ de dɔ̈ɔ̈r, Kɔc ye dɔ̈ɔ̈r cɔɔl, ku berkë dɔ̈ɔ̈r rɛɛc të cien thiɔ̈k aaye dudhuum! Wuɔ kɔɔr dɔ̈ɔ̈r aka ŋuëën bë raan ye dɔ̈ɔ̈r rɛɛc liu në wuɔ yiic, ago dɔ̈ɔ̈r bën." Alueel Ayuël.

Gum ëlik 36

WELEENY KU ATAAN

Raan De Buɔɔr Cï Thou Ëtën; Nanë Pïïr Ëkee Dë wëër Gërëŋ Mabör

Ee Muɔny Aliap yennëkaa cï lɔ nem Boor në thaa de Jön de Rɔt de Yecu. Go lɔ ku yök raan ëbën kedor Yecu. Na yɔn lee dhuk paan de Aliap ke jal thiëëc në cäthde, ku käke paan Boor. Go lueel ye, "paan Boor apiɔlic, ku ka nɔŋ raandïïtden cï thou. Acï kek yökken cï Nuëër ke jɔt ku kɔc ken cï thou puɔ̈l ku yennëka dhiëuë në raan ëbën në baai yic. Nanë piïr yennë raanë, ee keedë wëër Gërëŋ Mabör!" Go thiëëc ya, "ye raan ye cɔl ŋa?" Go lueel ye, "ka ye cɔl Yecu." Go bɛr thiëëc ya, "ku ye wënde raan cɔl ŋa Boor?" Go dhuk ye, "ka cïï Buɔɔr ye bɛr yɛɛt ëtë thiinë!"[8]

Yecu Abë Dhil Ya Muɔny Boor

Ëwëtë aalueel raan Aliap ye, "kɔc yeke cɔl Buɔɔr aacie kɔc bïke lëu. Raan cɔl Abel Aliɛɛr Kuaai aayuku piŋ yɔn ke ye Bënydïït thiekic arët paan de *Junub*, ku na yɔn loku kɔɔr cök goku lɔ yök ke yee Mony-Boor. Na bɛr Gërëŋ Mabör bën ke thäär kennë

---

[8] Muɔny Aliɛp aalɔ Boor në thaade Jön de Rɔt de Yecu; thaa yennë ket në diɛt ke ke guɔ̈m ku thon de Yecu.

Arap, ke ber tuɔ̈l ke yee Mony-Boor. Ku na ɣɔn ber Gërëŋ Anyiɛth bën ke thäär ke jɔk, ke ber tuɔ̈l ke yee Mony-Boor. Ku në yemɛɛn acuk bɛr piŋ ke nɔŋ raan dë dït arët bë bën ye cɔl Yecu. Ëraan tui ku lee ɣëët, ëka bë dhil ya Mony-Boor."⁹

Lɔɔc Aacï Jök Dhiëëth

Ee raan cɔl Cadöŋ Mël (Cadöŋ-Manyaŋdït) yennëkaa lueel ëwëtë. Wään cïnnë baai riääk go kɔc wɛɛr abë mïth lɔ cieŋ në ɣän kuɔ̈t yiic. Kɔc aake cï thiëi në bëi juëc ke Apirka yiic, ku bëi ke kɔcɣer. Në ye ɣänkë yiic, go cieeŋ wääc ke cieeŋ ke Jiëëŋ röth lɔgɔl. Na jal Cadöŋ-Manyaŋdït daai në kärɛc looi mïth ke Jiëëŋ keek. Go piɔ̈u dhiaau arët, jiɛɛm ye, "Na yee wuɔ lɔɔc wuɔ dhiëth jök, ku na ye jök kek lɔ jök dhiëëth, ke baai bë yiëndë? Cï baai bë riääk?"

Raan Akën Puɔ̈u Adït!

Ɣɔn cïnnë tɔŋic jal riɛl, go dhaŋ ya cool në dhiëëu në kaam de yïï Juba kennë Boor, ku ye piŋic paan de Aliap. Na ɣɔn në kööl tök ke jɔl Muɔny Aliap thiëëc ye "kanda ayeeŋu kɔr Jɔɔn Gërëŋ yen cool në thöör?" Go dhuɔ̈k yeen ya ka kɔr baai. Go dhuk ye, "Na yïnë Gërëŋ paan thiin cït Pariak, ku tëmë të thiin de Pam-Anɔk Nyiŋëër, ke cïï lëu bë tɔŋ päl piny?" Go dhuɔ̈k yeen ya ka

---

⁹ Aye Aliap yök ke Buɔɔr aaye röth kaaŋ në kë jöt nhom ëbën bë ya kek kee loi yeen.

kɔr Thudän ëbën agut en cïï Pap! Go gäi arët ye amagei! Ku jiɛɛm ye, "Yan raan akëc puɔ̈u aadït! Acïï bë bɛr thɔ̈ɔ̈r ke raan tök!"

Baai Acï Thok rek

Në thaa wään cïnnë tɔŋ rɔt päl piny ë määth, ku dɔ̈ɔ̈r aŋoot ke jiɛɛmë thïn, kɔc aacï bën ya lɔ ɣööc në käŋ në ɣän muk jieny de akuma keek. Go käŋ ya bën në biäk de Kartuum abïke bën ya ɣaac paan Boor, ku kaa cïï rɔt ye looi në thɛɛ ɣɔn cï lɔ tueeŋ. Na ɣɔn lɔ Majak D'Agɔɔt baai, në thaa de thiëŋde, go raan töŋ de kɔc baai thiëëc ye, "Kara bëny Majak nyic Gërëŋ ëmɛnë mɛn cïnnë baai thok rek?"[10]

Buɔɔrkuɔ, Yan Ye We Tök Kan Thöl!

Ee wët e lueel Muɔny Aliap në thaa wään thëërë në Arap, ku ka nyic ke ye Muɔny Bor cɔl Jɔɔn Gërëŋ yen ŋär tɔŋ thëërë në Arap. Na ye thaa thiinë ke kanitha go bën ke ŋëër Muɔny Boor cɔl Gërëŋ Anyieth, ke ëyee jam ye kɔc aathäär në jɔk. Go Muɔny Aliap lueel ye, "A Buɔɔrkuɔ, ɣan ye we tök kan thöl! We cï tɔŋ Arap gɔl nyin, ku guɔkë tɔŋ de jɔk gɔl nyin ke we kën tɔŋ de Arap thöl!"

---

[10] Aajam në Thudän lɔŋ kuum Gërëŋ ku Thudän lɔŋ kuum Baciir. Kɔc ciëŋ në Thudän lɔŋ kuum Gërëŋ aake ye lɔ ɣööc në käŋ Thudän lɔŋ kuum Baciir bïk ke bën ɣaac në Thudän lɔŋ de Gërëŋ!

Yïn Ye Tiit Ëwët Cïn Rɔt Bë Kual

Ëwëtë aalueel Lual Diiŋ Wöl ke leŋ ke Jɔɔn Gërëŋ De Mabiöör në Torit. Lualdït aalɔ Gërëŋ neem paande, go jieny dït arët yök ke cï *ɣoc* kööl, jieny tit Gërëŋ. Na wën cï Lualdït päl ɣöt ke jɔl Gërëŋ thiëëc ye kara nyic kë yennë yï tiit arët? Go Gërëŋ dhuk ye yeeŋö? Go Lualdït lueel ye kacie raan bë yïin nɔk, ee cïï rɔt bë kual! Nëŋö, ëkë ca wiikë akɔr bë tïŋ të bïn ye thöl thïn."

Yeeŋö Yennë Tuɛɛny Thiääk Ëke Aliëk!

Ee bëny töŋ de bäny ke Agar, cɔl Maŋäär Maciëk, yennëkaa cï kë yennë ka*mandaai* käŋ cam maan. Na ɣɔn në kööl tök ke Jɔɔn Gërëŋ bɔ̈ Rumbeek, ku jɔl jam ke bäny ke baai. Go Maŋäär Maciëk, Gërëŋ thiëëc ye, "Bëny, yeeŋö ëkë thiith ye tääu në *kamandaai* yiëthë?" Go Gërëŋ dhuk ye, "yennëkee tuɛɛny ëkan!" Go dhuk ye, "akeeŋu yennë tuɛɛny thiääk ëka liëk!" Aayee yök ke cïï bäny ke jiec kuɔ̈c deet. Ayekë tïŋ ke tëëu cïnnë tuɛɛnyden tääu në ke yiëth anyooth cäm de käŋ!

Yeeŋö Yennë Tuɛɛny Thiääk Ëke Yäc!

Ëwëtë aalueel *kamanda* Majak D'Agɔɔt,[11] lëk bëny de Agar, Maŋäär Maciëk, ɣɔn yen jam ye cï tuɛɛny de *kamandaai* thiääk

---

[11] Majak D'Agɔɔt aye raan töŋ de bäny ɣɔn ŋär tɔŋ; e raan töŋ de Kamandaai ɣɔn ye tɔŋ guiir.

ëka liëk. Aacïï Majak lɔ neem tëdeen yen luk thïn, go yök ke cieŋ alämma deen dhiɛ ye gäk në kɔc kɔ̈ɔ̈th abï lɔ tëëk në yäc kɔ̈u. Go Majak thiëëc ye, "Maŋäärdït yeeŋö yennë alanhduɔ̈n de tuɛɛny tëëk në yäc kɔ̈u? Cï ŋuän a tuɛɛnydɛn cï thiääk ëka liëk! Nëŋö, tuɛɛnyduɔ̈n acï thiääk ëke yäc."

Kuɔ̈c tëk Aye Mïïth Kɔc Dak

Yɔn, anɔŋ thɛɛ ëke cïnnë pïïr de jieny de SPLA yic riɛr arët, në biäk de cäm. Na ɣɔn cï bäny mac jiec nhïïm mum në të bïke luɔ̈i jiec. Gokë kenhïïm tak bïkë jam kennë *tajiir* ëke ye lɔ thuuk bïk ɣɔ̈k ken lɔ ɣaac. Aake thiëc kë keek lan nɔŋ yen të bï kek jiec ya juëër. Go *tajiir* dhuk nhom në akököl de jö. Luelkë yïï jö aajam ɣɔn ke gäk mɛɛnh de raan tɔ̈ wun de ɣɔ̈k ye, na ye ɣen ëye mïïth tɔ̈ wut tek, ëke dë yekë kɔc lëu. Nëŋö wut anɔŋic yïï: lap, ku biöök, ku kä juëc kɔ̈k; ku kaa yee mɛɛnhde raan ke rɛɛc ku lee kör në kɔ̈k. "Yennëkee tän duɔn we akumada. Anɔŋ mïth juëc tɔ̈ kennë week, ku ka kuɔ̈c kë keek. Na yïnë ke wuɔ ëmɛnë, wuɔ kɔc baai, buk ke tek ëkaa lëu kɔc!"

Yïï Thar Bɛr *Lɔrip* Cïï Jal Ya *Akit*

Në thaa wään gɔlë SPLA, bäny ke jiec aake nhiar *muyëmat* (kä yiëëc cït yïï rok, cuäny, ku kɔ̈k yïn ya). Na ɣɔn ne kööltök, ke arip tëk rïŋ jiec agut cï *muyëmat!* Na jɔl bäny de ye jienyë tïït ku cïn *muyëmat* tul. Ke jɔl arip cɔl bë thiëc të tɔ̈në *muyëmat* thïn. Go lueel ye, "kaa cake tëk jiec!" Go bëny thiëëc ye yeeŋö

Weleeny ku ataan 41

yïn ke tëk jiec ku ka nyic keke ye keek thäl bäny? Go arip dhuk ye kee cierekiya (thöŋdenhom). Go bëny piɔ̈u riääk në ye wëtë ku thiëec arip ye, "Ye *ruthbadu* ŋö?" Go dhuk ye "Yɛn ye arip". Go bëny lueel ye, "Yee thar bɛr lɔrip cï jal ya akit" (luɛɛl de, ee na nɔŋ kë cɔl cierekiya ke raan ëbën ee dë cieŋ dubuur thöŋ ke käke Jɔɔn Gërëŋ).

Yakë Thäär Bɛr Lɔyak Cakë Thäär Jal Lɔköm!
Ëwëtë aalueel bëny töŋ de bäny Boor, cɔl Päc Aɣok, tɔɔn yen ɣööt ke döm ke SPLA. Päc aacï këëk ke Kuɔl Manyaŋ, go Kuɔl mac. Ku ɣööt ke döm aake ye keek thiöök thook në kou. Wën leerë yeen ɣön de döm ku jal thiöök thok ëyak. Go cuit ku jiɛɛm ye, "yakë thäär bɛr lɔyak cakë thäär jal lɔköm, na wën yakë lueel wuɔ̈ɔ̈ yakë akuma!" Yeen ajam në bap, na yee ɣön de döm de akuma aŋö yennë ye bɛr looi në kou ku cïï jal ya tuup nëŋö ɣööt juëc ke döm ke SPLA aake yeke looi në kou!

Ëwëtë acïï Kuɔl Manyaŋ bën muk në yenhom. Na ɣɔn lɔ Madiŋ Boor dɔm, go Kuɔl Pac Aɣok tuɔ̈c ku bɔ̈ ku cɔk tëëuë ɣön de döm nɔŋ thok bap, ke cïï ber ya ɣön de kou. Na ɣɔn jal bap thiöök ëköm, go lueel ye ɣandë kë wäär ya lueel ëka! Ee weei yennëkee wɛɛi ɣen week aguɔkë Madiŋ dɔm.

Wun Alälaai Yenëka Thiekic

Në thaa yɔn cïï tɔŋ yic rieer arët, ke jieny ë SPLA ee tö në Madiŋ Boor cök ke tiit Arep nhom thïn, na yɔn në kööltök ke SPLA rieel wut yɔn miäkduur ke piny colthok, gokë wut yök ke dëërë, go jiec rem wut yɔ̈ɔ̈k bïkkë mëi ku tönyken lɔ yääc, gokë teer arët yee röthi lueel yïï we cï wuɔ yök ke wuɔ kuëth, gokë röth cuɔ̈k piŋ ku bëny de baai ye cɔl Päc Ayok acï riel wut në duduuric ku yök jiec ke cï wut gööl, goke thiëëc ye, "Yeeŋö loirɔt? go jal juiëër een, go bäny wut yɔ̈ɔ̈k ye, 'Mïth, kë bï ye yic waar aye tïŋ.' Pälkë wut de yɔ̈k ku Kuathkë wunde alälaai, lueelde ee bïkë kä ke jiec lɔ jɔt ku pälkë kuëëth.

Mapi Jiec Bënik Jiec!

Ëkënnë ee wët e lueel Mayɔm Deŋ Ayɔɔm ke jiëëm jienyde në Itaŋ. Mayɔm acï tääu ke muk *raatha* (të yennë bäny rëër) de Jɔɔn Gërëŋ, ku jiec ëke tö në *raatha* yic aake nɔŋ yiic nyïïr. Ëtëën nyïïr kɔ̈k në ke yiic aake cï keek liaac në lathkëër rëër kennë keek. Go Mayɔm amatdït jal cɔɔl ku jieem ye, "ye ëlan ë lar yen në jiecic *yana ma ligit jiec bë nik jiec!"* Acïn jieny ye jienyë liaac, yennëkee lueel Mayɔm.

Gërëŋ Akäny Në Dabeep

Ëkäk aaye wël ke wätthii ëke cï miääu *dheen*. Na yɔn kënkë wëu bëi në thaa ëcïkë lueel, go tiŋ de miääu ke jɔɔk në kɔ̈ny. Na yɔn cïï tik ke jal cut gup, go raan tɔ̈ŋ de kek piɔ̈u riääk ku yöök tiŋ de mɔ̈u ye, "kara yeeŋö ëkë cïn wuɔ kueth në ye wëu diëëŋ ke miäuë! Këne piŋ ke Jɔɔn Gërëŋ ŋoot ke käny në *dabɛɛp*?

Ye jɔk Yen Mutku Nhom!

Ëwëtë aalueel Bëny de *Junup* Thudän, Kiir Mayäärdït, ke cï piɔ̈u dak yɔn liëëpë jieny de SPLA kennë *maliciaai*. Kɔc ke *maliciaai* cieŋ kuɛl aacï bën ya lut; ee ciët ke cï thöl ku ber thoŋ de kɔc jöt bën. Na yɔn në kööltök ke Kiir jal yenhom jääm ye kara, "Cï bën ya jɔk yen mutku nhom?" Muɔ̈t de jɔk nhom ee kääŋ de Jiëëŋ. Aluel ya ye akölköl de yïï jɔk ke raan. Anɔŋ raan ëyök jɔk rokic ke cï nhom yööt, go lueel ye yïn ba muut nhom, go jɔk gam. Na wën lee ye gɔl në muɔ̈t de nhom go cuɔ̈k thöl. Aye muut ku go cil ke kën yet në biäk dëtë, agut ben ye waan ke yïn ya. Luɛɛlde, ee kë ye looi abï ciët ke cï thök ku ber tuɔ̈l.

Duɔ̈kkë Jak keerou Ye Door

Ëwëtë alueel Yäcbicep Daniel Deŋ Bul ke cï piɔ̈u riääk ënɔŋ Krïthänooi ëke ye bɛr lɔ ëke lam jak thɛɛr ke kuarken. Anɔŋ lɔŋ ëcï guëër arët, ku Yäcbicep arëër thïn ëya. Na wën lɔ kɔc gäm jam, go kɔc keerou ye krïthänooi jam ëke ye jak thɛɛrken cɔɔl! Na wën lɔ Yäcbicep cɔɔl bë jam go lueel, "Ye we ŋoot ke we ye jak thɛɛr ke kuɛɛtkuɔ̈n cɔɔl ku we ye Krïthanooi! Köol bïnë yïï Nhialic ke jɔk rɔ̈m në we yiic yennëka bïï we rëëcde tïŋ!" Duɔ̈kkë jak keerou ye door jɔŋrac, ku Nhialic!

Ye Tap De Bëny Bakuur!

Ëwëtë ee lueel raan ëke rëër juɔu kennë mäthke ku raan töŋ nɔŋ käŋ arëër kennë keek. Të wën rëër kek, ke raan wën nɔŋ käŋ aamath tap ku cïn raan jam! Na wën lɔ raan töŋ cie bëny tapde took, go raan töŋ de ye kɔc wën jam ye jalë ya! Yïn näk kɔc në tol de tap! "Go dhuk ye, "ku na wën math bëny tap në we yiic ëtënë ku cäkë jam! Ka ye tap de bëny ye *bakuur?*"

Yeeŋa Ëluele Yeye Marääm Thiɔ̈ɔ̈l në Thoŋ de Jurcol

Ëwëtë alueel Mamed Wöl ke ke thäär në biäk de Bärgadhal. Yɔn në kööltök ke Muɔny Jurcol bɔ̈ ënɔŋ Ajoŋa Mawut, mɛn ye bëny ë muk jiec ëtëën. Muɔny Jurcol abï thoŋ de bën de Marääm bën thiäl bëny. Go jal guɔ jam kennë Ajoŋa në thoŋ de Jurcol, nëkë yeke mïth ke paan tök. Go Mamed Wöl wët cɔl Marääm piɛŋwei, nëkë kuc yen thoŋ de Jurcol. Go Ajoŋa thiëëc në kë loirɔt. Go Ajoŋa guiëër yen në thoŋ ye piŋ. Go Mamed Wöl Ajoŋa thiëëc ye, "Ku yeeŋa ë lëk ye yïn lan yennë wët de Marääm lueel në thoŋ de Jurcol?"

Yeeŋö Ëyöŋë Ya!

Ee raan cɔl Col Biöwei Deŋ yennëkaa cï dit nhiaar, din de raan cɔl Manyiëël Malek Manyiëël (Lönh-Acol). Col apiŋ din de Manyiëël ke kët në *mathijilic* go lueel ye, "Ëdinë aca ɣɔɔc. Kë ɣɔn yöŋë ɣeen në SPLA yic, abë ɣɛɛn ya mac ku lony ɣɛɛn të cïn luk, cï bën jal thiɔ̈ɔ̈l ke yeŋö." Dit ee jam ye, "… kë ɣɔn yɔŋë ɣa cï bën jal thiɔ̈ɔ̈l athën ke yeeŋö!"

Wuɔ Cë Mö̈u Pälwei Yɔn
Ëwëtë aalueel raan ke gäk yepiɔ̈u nëkëë cïï tiŋ de mɔ̈u luɔ̈i keek kennë mëthë. Aake cï lɔ dek në mɔ̈u, na wën lɔ wëuken thök, gokë them bïk dhëën. Go tiŋ de mɔ̈u jai. Go kë jääl ëke cï piɔ̈ɔ̈th mit. Na wën cïk ɣet tëmec, ke raan töŋ de kek jal mëthë yɔ̈ɔ̈k ye, "Mäth të cïï wuɔ mɔ̈u pälwei e thaa ɣɔn yennë ye ɣɔɔc në *gïrïcieen*! Na ye ëthaa ɣɔnë ëkedë kën wëukuɔɔn wën mukku keek dak."

Bëny Nɔŋ Thok Gëër Aliu
Ëwëtë aalueel Diiŋ Akɔ̈l (Diiŋ-Malääk) ke jam kennë bäny ke payiɛɛm, ɣɔn yen Mapänh de Twïc East. Bäny aake ye jam piiny ya bëny acam käŋ. Na ɣɔn ke jal bäny cɔɔl ku lueel ye, "Aya piŋ ke ye lueel ya cam käŋ. Kara bakë yök tëno yen bäny nɔŋ thok gëër; cïï käŋ bë ya cam?"

Kɔcdït Aaye *Thäm* Ë Cäm Mac Cï Adheek!
Kɔc cɔl Aliap aaye jam arët në wël yennë kɔc ke dɔl. Aaye wët lueel cït ke kuckë ku wëtden aye bën lɔ yök ke thiekic të tëëu ë raan ye piɔ̈u piny ku bë deet.

Ëwëtë alueel raan de Aliap ëcï lɔ rɔɔk (geeu) go kɔc yök ëke cï *thäp* mac, *thäm* de cäm ku ye ŋek aduŋde muk thok ben lööm në cäm. Go Muɔny Aliap jal gäi në kë cïnnë kɔc dït bɛr ya cam cï dhäk. Na ɣɔn lee dhuk paan de Aliap ke jal thiëëc në cäth de, ku kä ke paande aciëëk. Go lueel ye, "käpɔth aatɔ̈ paan aciëëk, ku ka naŋ kë cïk bɛɛn jɔɔk. kɔcdït aaye *thäm* ë cäm mac cï dhäk."

Yomläät Acï Athiɔ̈k Apɛi
Ee Muɔny Aliap yennë ka luel ye wëtë ye, "We Buɔɔr we ka thiɔ̈k ëke Nhialic, yen lëkë Nhialic bë nïn juak. Yomläät acï bɛr thiɔ̈k apɛi."

Kɔc Aabï Ke Puɔ̈th Gɔ̈k të cïï Nhialic lɔ Bën
Ëwëtë a lueel Muɔny Aliap. Yɔn cïnnë wët de Nhiälic bën paan de Muɔnyjäŋ, go abuun kɔc ya yɔ̈ɔ̈k bë kä juëc puɔ̈l, kä ëke yee Jiëëŋ ke looi thɛɛr. Kä juëc ke kek aake yee Jiëëŋ ke nhiaar në piïrdenic. Na ɣɔn në kööltök ke Muɔny Aliap jal jam ye, "ye kä pɔth cïke pälwei ëtënë, nëŋö, aacïï wët de Nhialic ke jäi. Na cïï Nhialic lɔ bën miäk, cï të ye lëk en, ke kɔc aabï ke puɔ̈ɔ̈th gɔ̈k."

Yeeŋö Cï Abuun Yök Në Luɔ̈k Piiny ku cïkë Luŋ Paannhial Tit.
Ëwëtë aalueel Moulana Kon Biöör-Bar ke jam ke raandët. Ekëde luŋ Ayuääl ke Dacueek yennëkaa lueel yen ye wëtë. Anɔŋ abuun ëke cï jam yïï cïkë nyuɔ̈th bë luk cuɔ̈k loi, ku bë ya dɔ̈ɔ̈r yen loi në kaam de yïï Ayuääl ke Dacueek. Go Kon Biöör ye wëtë lueel tɔɔn yen abuun ye, "yeeŋö cï abuun yök në luɔ̈k

piiny, ku cïkë luŋ pannhial tit; ee luŋ paannhial dhie yennëka yïkë lëk kɔc, ku ë luɔ̈k piinykë aanɔŋ wärken ŋic (nyic) keek."

Kɔckuɔ Gamkë Din De Ŋuëët

Ŋuëët aluel ya ye raan ë cï lɔ nem pathuɔ̈ɔ̈ude. Go lɔ ku yök kɔc ëke dëk në mɔ̈u juɔu (*randaiya* cök). Go miɔɔc në mɔ̈u ke cï wëël në kë cien lëu bë dek ëtök ke thuɔ̈uke. Na wën lee miɔ̈l, go diɛt jɔɔk në kiit ye tök! Go thuɔ̈u ke gup riɔ̈ɔ̈c në të bïkë gäm diɛtke. Na wën cïï pälic, go raan tök lueel ye, "kɔc kuɔ gamkë din de Ŋuëët."

Dhöl Lɔ Nhial Acïi Tɔ̈ Në Junub Thudän

Ëwëtë aalueel Lual Diiŋ Wöl, ke jam kennë Areep cï keek dɔm në tɔŋic. Miirï de Thudän aye jieny de dhoom ku yïn ke muktëër të ler kek tɔŋ, ku yöök keek ye na lɔ thou ke yïn thäär në këde baai ke yïn bë lɔ nhial, ku ɣöndu aba lɔ yök ke cï juiir paannhial. Ëkënnë yennëka cïnnë Lualdït apuruuk cï keek dɔm në tɔŋic ëke muk muktëër bën yɔ̈ɔ̈k ye, "Na nannë dhöl lɔ nhial tɔ̈ në Junub Thudän edë cakë wuɔ yök ke wuɔ cï jäl thɛɛr.

Miök Abuk Lɔ̈k Wec Në Atalaai

Ëwëtë aalueel raan cɔl Buɔl Athööt ke cï piɔ̈u riääk ënɔŋ akut ye miök wec cɔl "White Nile." Buɔl aalui kennë keek. Na ɣɔn ke loi awäc, go cop. Na wën alëkë cumde, go raan war ye thok yɔ̈ɔ̈k bë lëk kɔc ɣer ye, "Na bakë kɔc bën ya yɔŋ paanden ke we dhuɔ̈kë paanduɔ̈n wennë makänaai kuɔ̈n, na ye wët de miök piiny ke wankë, aŋuän buk yaa lɔ̈k wec në *atalaai ka* pur."

Jiëëŋ Acie Cam

Ëwëtë aalueel Deŋ Deŋ Akɔ̈ɔ̈n ke jam kennë kɔcdït ke Muɔnyjäŋ. Deŋ aalui ke Riëk Macäär, ku kɔcdït ke Jiëëŋ ake jam bë Jiëëŋ yeyic mat. Na yɔn në kööltök ëke lɔ ënɔŋ Deŋ bïk lɔ jam kennë yeen. Go Deŋ lueel ye, "Ye jiëëŋ cam?" Kënkë tïŋ ëtë thiin rëër yɛn thïnë yennëka nɔŋic këdiëën ya cam. Ku ëmɛn ye we jam wuɔ̈ ba rɔt mät Jiëëŋ yeeŋö ba lɔ cam thïn? Cakë ya rëër ëtëdiëënë.

Gɛɛu Acïï Baai Bë Dööt

Ëkän ee wët ë lueel Lual Diiŋ Wöl tɔɔn yen kuëny de raan ëcï tääu ke ye Gabana de paanden.

Ku ke raan ë dhël guɔ̈p. Go lueel ye wuɔ cï wët ye cɔl *"take town to the people"* kuɔ̈c piŋ
(bë *madina* yiën kɔc baai)! Kɔc lëu bïkë *"town"* tiit piiny të tuui keka cuk ke bɛr ya kuany
bïkë *town* yäth baai. "*Town* acïï baai bë dööt!"

Gum ëlik 50

DIƐT

Kɔr Akec!
Ëkän aye din ë ciɛk raan cɔl Awaŋ Alääk Awaŋ në thaa yɔn yɔɔtë wei. Yɔn jiëlë rem wut paan Boor, aye lueel ya kɔc aa lɔ Bilpäm bïi dhëŋ lɔ bëi bïnnë ke bën thɔ̈ɔ̈r në Bëër. Go raan ëbën ye rɔt yök ke rir rɔt ya jɔt bï lɔ kör në dhaŋ. Go nyïir kɔc ëke cï döŋ wut lɔ̈k dhɔ̈l gup, yïkkë keek cɔl ye maduɛɛi de mäny de ɣɔ̈k; kɔc tiit wut agut bë röör lɔ dhuk ciëën të de kɔ̈ɔ̈r de dhëŋ. Ku Awaŋ aye raan töŋ de kɔc kën lɔ Bilpääm. Aye mɛnh de thukul aka nyic ke cïn dhëŋ dïcë keek; kɔc aalɔ thɔ̈ɔ̈r në akuma de Thudän! Go ye dindeenë jal cak ben nyïir jääm ye, "Yïn nyaan ye röör rɛɛc, kɔr Akec; Larap anɔŋ piɔu kɔc (anɔŋ piɔu näŋ de kɔc). Ee pawɛɛr cïnnë dal!"

Baai Aca Päl Aŋuëënë Thou!
Ëdinë aciɛk mïth ke Panaru ɣɔn tɔ̈ në Kɔryɔmic:

Jɔɔn Gërëŋ, Dr Gërëŋ, aciek ye nhom roor në yäric- yäric ee acït ke cï mam. Akɔr paanda-akɔr paanda, adïna thëlää baai beletna acää dë puɔl adë ŋuëën ë thuɔɔu. Arpa thëlää, baai beletna aca dë puɔl adë ŋuëën ë thuɔu. SPLA dɔm baai në riɛl, dɔm baai në riɛl arpa thëlää munuk cäkäl, acït piɔu jiec yiɛn kɔr paanda. Tiɔmdɛɛn de Junub paanda acï thiäŋ në kërïëëc ëbën, yen akɔɔr Arab. Aca dë gam; jieny de Junub yen akääc në medänic akɔr paande, baai beletna, baai beletna.

Gërëŋ De Mabiöör Yen Acuk Guaŋ Nhom
Ëdinë aciɛk Jiec Amer de Panyidu:

Nathir acuk dɔm bë Thaadik (Thaadik el Määdï) lɔ yiëëk-yiëëk në thööc nhom, baai awïc wun. Gërëŋ Mabiöör yen acuk guaŋ nhom paandan ë Thudän. Thaadik duɔ̈nnë ber lɔ yiëëk-yiëëk në thööc nhom. Bëny Thaadik lɔr baai pandun x2, lɔr kum Jïdhïïr el Arab. Baai paanda yen awïc Dïktor. Bënyda ka cït akɔ̈l; Jɔɔn Gërëŋ yen acït akɔ̈l ku ciëër ku pɛɛi ku kuɛl tɔ̈ nhial. Jɔɔn Gërëŋ kaat de tariir.

Yakë Bɛr lɔ Maγei! Maγei! Cäk Cath We Mathaluuk Ke Buɔɔr
Yɔn yɔɔtë wei Boor në run de 1983, aaye kɔc juëc ke Aliap lueel yeye tɔŋ de yïï Arap kennë Boor. Aakuckë lan yen tɔŋ de baai ëbën. Na γon acï kɔc lɔ Boŋga, Ethiopia, të yennë jiec piɔ̈ɔ̈c thïn, go diɛt ya cak bïnnë ke *moral* (yai) looi bïnnë röth ya wɛɛi. Diɛt aake ye jam në ka juëc ke riääk de piɔ̈u, ku kä yennë kɔc ke pïɔ̈ɔ̈th riit ëya. Go keek ya ket në radio de SPLA yic bï kɔc mec keek ya piŋ. Etënë acïnnë Muɔny Aliap din tök kueeth. Ee din ë ciɛk Muɔny Bärgadhal cɔl Magiir, nyooth yen riäākdeen de piɔ̈u ënɔŋ Arem kum Thudän. Dit ee jam ye,

"Madirdɛɛn (Madiriya) de Wau 3x, Madirdɛɛn de Wau Madirdɛɛn de Malakal, Wandït ku Juba. Lueel baai kadë kënne pëlë baai buk nhïïm ciën ke yennë wuɔ cɔɔl! Maγeei, maγeei, maγeei!"

Go Muɔny Aliap lueel ye, "Yakë bɛr lɔ maɣei, maɣei, ku yeeŋö ëlak göör (kɔɔr) në Mathaluuk ke Buɔɔr cök!"

Pälku Tiɛɛl Yennëka Bïï Wuɔ Baai Dɔm

Ëwëlkë aaye biäk de ye din tɔ̈ tueeŋ kënnë. Magiir acak dit ke yee raan de jieny cɔl Muɔrmuɔɔr. Yöök kɔc në kä lëu bïk baai pën bënbei; aajam ye na mat kɔc ke yiic ke baai acïn ke pën een. Ku na cïï tiɛɛl pëlë piny, ke baai Thudän acïï lëu bë kɔ̈ɔ̈c; "…acïï kɔn dɔm yen baai Thudän të cen ye tiɛɛl yen pälku piny, ku jalku wël mat bïk ya tök."

Adëŋ ku Ya Guɛl!

Ëkän ee wët ëlueel Muɔny Aliap në ditic, në thaa wään cïnnë tɔŋ jal cieŋ ke cïï dɔc thök. Go dit cak din ye jam ye, "kë yïn ɣɛn thoŋdiëën de guɛl; thoŋ aciɛɛk, ban wët de Gërëŋ lɔ deet apɔth eeei; ɣan yen jam ëkadï ëka Arap cïnnë baai lɔliŋliŋ në riääkic?"

Ee raan ë cïï kë de baai liääp nhom; paan ye cool ke luel ku cïï bɔ̈bei. Go piɔ̈u jal dhiaau në kën piöcde ben kë ye Gërëŋ lueel kennë Arap piŋ! Kë cïï tɔŋ ye cɔk kääc!

Acie Run Bïnnë Dɔl Aba Lec Yɛɛr

Ëkënnë ee din ëciɛk Atëm Agɔɔt-Malaaŋ në thaa wään de riääk jiɛɛm, ye ka cïn raan lëu bï raandë dɔl në kärɛc cï ye yök në ye runnë. Nëŋö, raan ëbën akääc në kärɛcke nhïim. Dit ee jam yelë: ... aduŋdiëën de yäc atö ke Nhial Abuk ban pïïr. Acie run bïnnë dɔl ba lec ɣɛɛr; duɔ̈nnë dal ba lec ɣɛɛr duɔ̈nnë dal ba lec ɣɛɛr, ayennë ŋɛk kä ke lɔ waan në manyde thok; ku acie run bïn dɔl ba lec ɣɛɛr.

Matiɔp ë Gërëŋ Ku Mawut

Matiɔp ku Mawut aaye rinkuɔ̈m ëke cï nyïir Boor ke yiën röthii në thaa wään de tɔŋ. Yɔn lenë rem dhuk në Ethopia ke ye jiec, gokë ya cieŋ në ɣän ke jiec ku yïkkë lɔ nëm në bëiken yiic. Në thaa thiin koor, ke tɔɔŋ jal röth guɔ jɔɔk në kaam de yïï jienyde akuma kennë jienyde SPLA. Go kɔc juëc ke kek nɔ̈k. Go nyïir ya riɔ̈ɔ̈c në keek. Nyïir aake ye riɔ̈ɔ̈c cït ke na bï muɔnyjiec yï thiaak ke cït ke bï guɔ lɔ nɔ̈k në thaa cïï mec. Go nyïir ŋuɔ̈ɔ̈n bïkë ya gɔ̈k në röthii rëër wut ka baai. Ëthaa kënnë, yennëka cïnnë nyïir rinkuɔ̈m bën cak: Na ye raan thiin rëër wut ka baai, ke yïn ye cɔl Mawut, ku na yee muɔnyjiec ke yïn ye cɔl Matiɔp ë Gërëŋ. Na bï raanthi bën kɔ̈ɔ̈c në baai thok ke nya ee meth tooc bï lɔ tïŋ lan yen Matiɔp ka yee Mawut. Na yee Matiɔp ëka lëkë yen ya nya aliu, ku na ye Mawut ëka nyuucë, ku bï nya jal bën bë bën jam kennë yeen. Ëkënnë acïnnë Muɔny Boor dit bën cak jiɛɛm:

Dhol de Bilpam ee wuɔ këëk eei. Yïthiopia ëkee wuɔ jal këëk wuɔ nyïïr ke biëm, tɔŋ de mapiɛɛn can weŋ nɔ̈k, acuk ayic Ajak Aliɛɛr wälën, jäl kɔ̈ɔ̈c në baai thok paan ë Diëër ku caal nyaan de bïm, ke nya ee ɣa yɔ̈ɔ̈k yelë, "Yee lueel wudë Matiɔm ë Gërëŋ", acam biaar ɣa. Ku na lɔ cieŋ de baai tuɔ̈l miäk, köl bennë tiŋ de SPLA thiaak abï ɣɔ̈c alälade, ku ɣöië joorthe, ku leer thuuk në riäi, ku ka cieŋ amära de. Bai akëëk wuɔ, Nhialic wää cɔk wuɔ cɔk dɔm paanda.

Acïn Raan Bë Kääŋ Thööth Ke Pieth Në Run De Anya-Nya!

Ëdinë aacieek raan cïnnë miɔɔrdeen de dhëëŋ cuet në kɔc ke SPLA. Yɔn rëërë SPLA paan Boor, anɔŋ kɔc ke SPLA ëke cï röth luɔny piny bïk miöör ke kɔc ya cuet. Na ɣɔn ëke jal miɔɔr pieth de dhuëëŋ de raan cɔl Deŋ Mïï Gërëŋ (Deŋ-Awuur) cuet. Go Makuel ye din deen de dhiëën de piɔ̈uë jal cak.

Wuɔ cieŋ roor wuɔ Majöŋdië ɣɔn dɔmëke, buk ruu ë cäth bë tuŋkuɔ döŋ në ruɔk yiic? x2 Acie yic aabuk ke dhieel në jɔŋda nhom, yïn cïï dun anëi gɔɔt jɔl lɔ Makuur, ee cïn jɔŋë cï yï tak tiëtda ee tö baai ku ka kën jam ye kɔɔr majök aka kën arök metic, akumada cie dieer në biöi cïke ruɔ̈p nhïïm, run cï bën ëtëën ee run ë majö̈ök eeei bïnë ke cuet në taaŋ thook, yïn cää wak majök ee run ëdiäär jɔɔk eei, liu de makuur acït liu de maŋö̈r në yuïtic ee tem rör, jɔŋ näk Maajök ke kën dhëŋ, Marieelkuɔ aa lɔc arët ɣɔn kënnëke cuet Anya-nya, ɣen jɔl pol në majöŋdië wunë gal të can lɔ lim në tɔɔp thïn, acïn raan bë kääŋ thö̈öth ke pieth në run anya-nyaai, tɔŋ aanyanya anɔŋ aliäp në Makuur, Run de Bilpäm anɔŋ anëi në miöör yiic.

Leerkë Löth Ëya Ke Miɔɔr Bakë Lɔ Reem

Ëdinë aacieek raan ye cɔl Maröl (Maröldït) Gërëŋ Deŋ Kö̈öc, ɣɔn cïnnë jiec miɔɔr de cuet. Ee miɔɔrdeen ë cien dhuëŋ arët akaa yee köc löth. Na ɣɔn ke jiec dɔm muɔɔrde në riel ku cuet. Go ye wëtdeenë lueel jieem ye, "Yeeŋö cï we lönh de miɔɔr jɔl luath ke yeen bakë kɔn lɔ reem në miɔɔr yeth, ku bakë miɔɔr jal cuet." Ku jɔl ye dinnë cak ye,

"...piny cï riääk kɔc aacuet muɔr ë yum de löth, török dɛɛr. Ŋö cïn ye leer, ba löth reem në ye yeth."

Köör-Mayuääl

Ëdinë aluel ya eciɛk wët ke Kɔryɔm në rör de wët ke 105 ëke tɔ̈ kennë keek ëke ye bäny ke Kɔryɔm Boor.

Köör-Mayuääl wuɔ kaa cï kä ke jäŋ cam wuɔ wënde ŋadi, but ë luaar ɣɔn wakɔ̈u. Ater ë baai arac ayennë Maköör jam ye cakë ɣa cam jienydië oou! Köör-Mayuääl wuɔk kaa cï kä ke jäŋ cam.

SPLA Ke Cuën De Thök

Ëkënnë ee din ëciɛk raan de Kɔryɔm në thaa ɣɔn yennë jiec thök cuet. Yɔn ŋootë Kuɔl Manyaŋ ke kën lööŋ ril yiic tääu piny bïnnë ke jiec ya dɔk paan Boor. Anɔŋ jiɛc juëc ëke cï röth luɔny piny bïk thök ke kɔc kɔ̈k ya cuet të cïn löŋ. Në ye thaa ɣɔnnë, kɔc aacï baai jiec bën maan guɔ̈p, yïkkë jam yïï, "SPLA Ke Cuën De Thök." Dit ee jam ye,

"Wuɔ cï naŋ pɛɛi ke wuɔ kënnë thɔ̈k akuur yök...Këdɛɛn acie cuet në thök buɔɔth, ayaa tiiŋ akuur amääl; cuïndië atuak në yuiɛɛr nyin. Yɔ̈l amääl adik ke cuïn ë kuɔɔt arac."

Kɔc Aruääi Ku Ŋɛk Paande

Ëwëtë aalueel raan në ditic jiëëm yen kɔc bë ŋɛk paande cuɔ̈k ye waan ku bë lɔ cieŋ paan de raandë, të cɔk yen ya paan de mɛnhkuui ëka cie këdu. Ku na cï paandu cak rëëc ke yïn rëërë thïn, ku yïn bë jal ya kony. Dit aye lɔ yelë:

Kɔc aa ruääi ku rëër ŋɛk paande, ku rëër ŋɛk paande. Kɔc ruääi ... Na cï paandu rëëc ke yee lueel wu ba nyääŋ ŋa; na cï paandu naŋ riääk ke ye lueel wu ba wën ŋa? Ɣɛn mɛn ɣɛn ye ajak; Junub aye ajak, timdïït tɔ̈ roor kennë noon tɔ̈ roor nɔŋkë ŋɔ̈ɔ̈ŋ de guɔ̈p nɛn? Bendhïn tɔ̈ piiny kennë janh tɔ̈ piiny nɔŋ kë ŋɔ̈ɔ̈ŋ de guɔ̈p nɛn? Ajïth acä lueel kekë thɔ̈k, ku ländɛɛn cɔl weŋ ...!

Na Puɔ̈u Ye Tök Ke Yok Adë Kën Këëk Në Yom nhïïm Cï Jɔ̈k.

Ëdinë aaciɛk Akut ë Kuëi (Akutnhom de Kuëi) në thaa wään de tɔŋ, jiëëny kek kɔc ɣon ye Jiëëŋ yɔŋ, ku jiëëmkë Jiëëŋ bïk piɔ̈ɔ̈th yatök.

Jiëëŋ amɛɛn wuɔ̈ɔ̈t ku acïk lëu, Muɔnyjäŋ amɛɛn baai ku acïk lëu x2, kë cï wääc Junub daan de Thudän. Tïŋ duɔɔl Aprika ka loi në rot ku ka cɔl Junub dëlden ee tök, ku Nuëër ë Nyantooc ka loi në rot ku ka cɔl Junub dëlden ee tök. Ku Door keke thän ë Nuba kaa loi në rɔ̈t ku ka cɔl Junub dëlden ee tök. Culuuk aaye cɔl Junub dëlden ee tök. Ku puɔ̈u, puɔ̈u acie tök; naŋë puɔ̈u ye tök ke ɣok adë kën këëk në yom nhïïm cït mɛn de jɔ̈k. Ke ɣok adë kën këëk në yom nhïïm ku pälku raan, raan cï rïŋ cuet. Butbut ë cinduɔ̈n ye we ke riäŋ ë Muɔnyjäŋ bot, aŋuëën lan nin raan ke cɔk. Raan näk Muɔnyjäŋ, acït raan näk këpiiny (këroor). Këpiiny aye nɔ̈k ë ŋanyŋany, na cak thou ëka ŋoot ke cïï raan gɔt në ye cin; aberë yuïëc tim, ku benë ye kät roor ...

Diet 57

Acï Thök Ë Luïth, Yen Paan Cak Luith; Bïï Ŋɛk Ya Luith Ku Luith Ŋɛk.

Ëdinë aaciɛk Akut ë Kuëi lëk kɔc ɣɔn ye baai duɔ̈r ɣaac wei në wët de miëth:

Cï thök ë luïth eei, cï thök ë luïth, yen paan cak luith bï ŋɛk ya luith ku luith ŋɛk. Acï thök ë luïth abïï ŋɛk ya jäl ke rïŋ ayiëŋ. Junub acï thök në thïm thiin ye ŋoot, bïï ŋɛk ya ŋoot në paldeen cï mothëmoth. Cuɛtkë, ku duɔ̈kë yuɔɔm jak abäk kac thok. Duɔ̈kë yuɔɔm jak abäk kac thok dhiëëth arëër, dhiëëth arëër në yuɔɔmic wek arär. Cuɛtkë, ku duɔ̈kë yuɔɔm jak abäk kac thok. Duɔ̈kë yuɔɔm jak abäk kac thok dhiëëth arëër, dhiëëth arëër në yuɔɔmic wek arär.

Kɔc Aacam Panden Në Thään, Ëke Kääc Nhial

Ëdinë aaciɛk raan cɔl Ajääŋ Kuir Mälaŋ lëët yen kɔc ɣɔn ye keek ɣɔɔc në Akuma de Thudän bïk tɔŋ thär ya gaatic.

... Kɔc aa cam paanden në thään ëke kääc nhial, ku yäc aduŋde Nhialic ye röi ku bë kuɛth miäk.

Pinyë Deŋ-Wilyom Acï Tɛk Në Jiep yiic Yayïï Maɣei!

Ëdinë aaciɛk Akut ë Kuëi ëya. Dit ajam në Areep kë Thudän mɛn cï röth cɔk ye bäny ke Thudän, ku ye ke mïth ke baai thanypiny. Akököl de Thudän ee jam ye Thudän aye paan de kɔc col, ku Arep aabɔ̈ ke cath, ku jɔl guɔ ɣap në Thudän. Deŋ jiɛɛmë dit ee Deŋ Nhial, mɛn ëye bëny töŋ de bäny thɛɛr ke Junub. Ku dit ajam ëya në kɔc ëke cam baai.

Piɛnyda, piɛnyda, piɛnyda! Pinyë Deŋ-Wilyom acï tɛk në jiep yiic ɣayïï maɣei! pinyë Deŋ-Wilyom acï tɛk në jiep yiic ku dal kɔc. Cak tɛk thok, ku jalkë dɔl, cak tɛk aduuk yiic ku dalkë. Abenë dhuɔ̈k tööny, ku buk bɛn tɔk, nɔŋ jäl ye töny tɔk. Na cak dhuk tööny ëka buk pɔ̈k wei.

We Bë Ciët Kɔc Wään Cï Miŋ Nyääŋ Ayeer, Ke Yee Dutïït
Aaye kɔc ke Akut ë Kuëi kek aake cak ye dinë. Dit ayöök Areep ke Thudän mɛn cïnnë kɔc thärbaai thiɔ̈k bïk baai dɔm. Dit athööŋ Arap kennë akölköl de kɔc ëke cï miŋ waan biyic bë ke ya lëk kë bï lɔ̈k tuɔl ciëën ke kën kë tïŋ! Miŋ aatït në *dooriya!*

Aŋootic wët aŋootic, wët akëc guɔ duɔ̈k; duɔ̈kkë go dhiaau wët aŋootic x2. Aŋootic na le yic duɔ̈k ëka ŋuɔt ke bak tïŋ ka cie kë benë piŋ ë yïc, aŋoot ke bak tïŋ ëtë thiɔ̈ɔ̈k. Kööl bïï thon anyaar lɔ nyuäny bei ëtë thiɔ̈ɔ̈k, aŋuɔt abak tïŋ acie kë benë piŋ ë yïc. Duɔlkë bɛɛk kuɔ̈n, ku bak lac jäl na dööt week, aŋuɔt ke bak tïŋ acie kë benë piŋ ë yïc. Yen aya lëk thända, thända, thända bäk bei ɣɛɛl. We kaa bï ciët kɔc wään, kɔc wään cï miŋ nyääŋ ayeer, ku lek ɣɛɛl bïk lëi yaaŋ. Na lök akɔ̈ɔ̈n bën ke lueel miŋ bäk bei ɣɛɛl, kë dïït lɔɣäcɣäc acï ɣëët bäk bei ɣɛɛl. Ke luelkë yïï ke kook ë miŋ, yiën kë riëŋde. Ke luel miŋ, la ka cie rïŋ, kë dïït lɔɣäcɣäc acï ɣëët bäk bei ɣɛɛl. Na lek cuɔ̈k piŋ, go miŋ kat ku nyiëëŋ ke thïn, ku lök akɔ̈ɔ̈n bën ku kut ke nhïïm, kut ke nhïïm abit aguek. Wuɔ ka bë kuɔ̈t nhïïm abit aguek.

Yeeŋö Cïï We Ciët Dit Ke Rap, Raan Ye Thou Në Rap Nhïïm!
Ëdinɛ aaciɛk Akut ë Kuëi:

Abuk jal tïŋ, wët ka buk tïŋ, abuk tïŋ, abuk jal tïŋ yen të bïï paande Junub jal gut; baai paanda. Ŋö cïï we ciët acaak ke weŋ, raan ye weŋ thuat, ŋö cïï we ciët luaŋ ke rïŋ, raan ye thou në rïŋ kɔ̈u we Jiëëŋda. Ku wok cï nhïïm määr në wët de aköldë, aköldë; baai Junub ke ye kën aköldë. Ŋö cï we ciët dit ëke rap, raan ye thou në rap nhïïm. Ku wok cï nhïïm määr në wët de aköldë aköldë; pinyë Junub ke kën aköldë. Ku wët akïn, abaa wët kïn ka ca jal yök, wët kïn ka ca jal yök, abaa wët kïn ka ca jal yök. Ka be ya miëth yen näk wook. Ka be ya miëth yen thäär ke wo; wok aaye tuɔ̈ɔ̈m nhïïm, ku gɛm ŋɛk abë këëk ke mɛɛnhë wëtë miëth ëpath. Ku miëth ee luɔk piiny tiɔmdɛɛn de Junub ee miëth nyintök. Ku yäc aduŋ ë Nhialic, aduku röt nëk diɛt, duku yiɛnyda pël wei në miëth. Duku pinyda pël wei në miëth."

Tiɔp Athöl Kɔc Ku Yen Abï Bënbei
Ëdinɛ aaciɛk Pancol Deŋ Ajääŋ në thɛɛ wään cïnnë tɔŋic jal riɛl, akɔc aake ye piɔ̈ɔ̈th duɔ̈r lɔpäk:

Wuɔ cï kɛɛc ɣɔ̈ɔ̈ŋ lɔ juɔ̈ɔ̈r ëbën piɔ̈u pät, ku döŋ Jiëëŋ. Monyjäŋ aman luɛɛk, wun ë Deŋ aman luɛɛk. Deŋ Nhiaal bënydɛɛn cï thou ɣon ke nhiar paanden; tiɔmdɛɛn thöl bänykuɔ. Nëk Ajääŋ ke magɛɛkke, ku Jögaak ë Deŋ; thöl keek ëke tem röt! Ye ya kë cït ŋö kë yee ater guɔ jäl në röörkɔ̈k piɔ̈ɔ̈th! Jienyë Jɔɔn acï tekic në Riëk ku Lëm Akɔ̈l, ku dhiac ëke cop keek. Ye Jɔɔn Bëny yaa kë cï ŋeeny ke dhubɛɛtke! Amoc Arap, ku Toŋtoŋ, ku Nuëër cï mat ke Jiëëŋ man kë piɛth, jienyë Jɔɔn anɔŋ ater rac ë baai. Ëwe yɔɔtwei nëŋö? Mony de baai eei akääc në cök ke yiic; athäärke gum cɔk, ku deŋ, ku nyɔ̈k adhumic në baai. Tiɔp athöl kɔc ku yeen abë bënbei. Amɛɛnh de *marum* cï thou, yeen abë tɔ̈ në nhomlääu yic, diäär muɔ̈kë mïth; duɔ̈kkë kɔc ŋoot ye maan.

Tɔŋ Cï Wël Nhom Baai Acïn Kë Ye Kuany Thïn

Ëdinë aaciɛk raan ye cɔl Daniel Deŋ Anyai (Dinkanyai).

Ka ye lueel ku berë puɔ̈l, tɔŋ aye thɔ̈ɔ̈r ku berë puɔ̈l, ku jɔlku dɔ̈ɔ̈r looi paanda. Baai paanda acï riääk. Muɔnyjäŋda: Muɔnyjäŋ Agaar Rumbeek, Muɔnyjäŋ Cuɛibët, Tonydït, Muɔnyjäŋ Yirol, Awɛrial, Madiŋ-Boor, ku Murle. Pälkë tɔŋ, ku pälkë kë yennë kɔc tiit kueer. Mïth ëtik aaye këëk ku berkë ruääi. Jɔl ku käthɛɛr tɛɛm wei paanda. Ye tiɔm tɔ̈ tëyou, yee piny nin luel; piny nëk wek röth thïn ëmën, Agaar-Rumbeek.Wek acïn wudut kamduɔ̈n we pëc. *Wudunda* ke tök; wudunda yok ka Arab x2. Tɔŋ cï wël nhom baai acïn ke ye kuany thïn, tɔŋ cï wël nhom baai ee ŋɔ̈ɔ̈ŋ ye tök, ku thök-thök ërïc, bë kɔc kɔ̈k we jal daar, ku yïkë weŋ peec, ku yïkë we jal nɔ̈k, yeeŋö bak bɛn lëu, yeeŋö bak bɛn kony, yeeŋö bak bɛn lëu! Cɔk tɔŋ cɔk kääc; Muɔnyjäŋda eei wek kaa cï baai rac. Raan ber ye liääp abuk cɔ̈l Nhialic bë yïïn ya thiëëc thok. Riɛm kɔc cï puk piny aabï rëër në yïyeth … ee buk tök ya lueel yen abï wok tiam … Muɔnyjäŋ acïï rɔt ye nɔ̈k, Muɔ̈nyjäŋ acïï rɔt ye til. Ee kë bɔ̈ roor yennë yekë tiit yennë ke cieŋ de Muɔnyjäŋ thɛɛr …

Wuɔ Cïï Kääc Të Kënnë Mïliöön Thou Në Mac

Ëdinë aaciɛk raan de Kɔryɔm cɔl Jurkuc-Aguɔɔr. "… Wuɔ cïï kääc të kënnë mïliöön thou në mac buk kɔc cool; kɔc cïï tɔŋ ke nɔ̈k …"

Diɛt 61

Kɔc Cïï Tiɔp Ke Nɔ̈k
Ëdinë aaciɛk Pancol Deŋ Ajääŋ:

Kɔc cïï tiɔp ke nɔ̈k, na cɔk ciën mɛɛnh duɔ̈n cï thou keka nɔŋ kɔc ruääi ke yï. Maketh wälen dë ka can nhom kɔn määr, tɔŋ cï mïth ke aguɛnjeep (Macɔk-Aguɛnjeep) thöl. Nyankiir ë Bul acïn kë bil yen tiɔp yen ka can ye biöön në wëu; kɔc kɔ̈k aacïn ke bil kek tiɔp, tɔŋ cï adhëŋ nɔ̈k. Raan ëkɔn tɔŋ nɔ̈k ɣon gɔlë tɔŋ Boor, ee Makëër Jöɔ̈l, ku Makuëi Cuɛɛi awel ë wujum ë Bilpääm. Cukku naŋ baai, lecku jiec caap ë tariir. Cukku naŋ baai lecku SPLM pätï.

Baai Aluel Në Kärac
Ëdinë aaciɛk kɔc ke Kɔryɔm ɣɔn cïnnë tɔŋic jal riɛr. Ëdinë yennë kɔc ke piöɔ̈th muk:

Kë dɛɛnë wuɔ Kɔryɔm, wuɔ cï dɔc tëëk në kärac yiic! Alueel jieny ë Dhëndië, ku Raat, ku Raino wuɔ cie jöɔ̈ny. Bë wuɔ jöɔ̈ny yadë ku wuɔ cie riɔ̈ɔ̈c adu; raan ë riɔ̈ɔ̈c adu abë dö̈ŋ baai, ku tiɔpic acïn kë ye rɛɛc. Wuɔ ye kuɔ̈c looi wuɔ thön ke Kɔryɔm. Thuɔradääp acï kë rir yök, SPLA ee kɔc moc në manyë dhaŋ. Jienyë Kuɔl bëny arëër ke Järätda ayɔɔt mɛɛc.

Tariir Acuk Wël Wuɔ Piöɔ̈th
Ëdinë aaciɛk kɔc ke Kɔryɔm, riit kek kepiöɔ̈th, ɣon cïnnë tɔŋ rac në kɔc cin!
Järätda luel baai, Kɔryɔm adɔm tuŋ thok; ɣen kuc raan bë ɣa jöɔ̈ny tiɔmdɛɛn de athuɔɔt Junuubkuɔ, tariir acuku wël wuɔ piöɔ̈th awuɔ ye pïïr wään në guërmonydït cï mat ke maŋga ku päipäi, ku cuɔp Amilo ku ruɔ̈m baai, ruɔ̈m baai wuɔk ka cop maajuur ke cäm de wëu.

Junuubkuɔ tiɔm-col athöŋ ke wuɔ eei; baai acït wuɔ, cɔk wuɔ thöl ke Jɔɔn Gërëŋ abɔ̈ ke tharuuk … γɛn kuc raan bë wuɔ lëu … kaatda Jɔŋ ë Rëŋ arëër ke Järätda; acuk tiaam, guac raan abë kat në thuuŋ yiic në Maŋgërï!

Raan Col Aya Tïŋ Cït ke Cïï Yic Ye Lueel

Ëdinë aaciɛk Deŋ-Pänän në thaa wään de tɔŋ:
Thudän ke piɛnyda ëtë thɛɛr γɔn, agut ëmën awuïc piny ë-wun eei; awuïc piny ë-wun. Aye wël cï lueel abïk thök; wël cï lueel abïk thök: acïï Ŋun Deŋ lueel, ku lueel Ariäth-Makuëi, ku Cïëër Deŋ-Thiäpduɔk, ke yïï Ajiŋdït jam baai. Agut ëmën piny arëër ke nɔŋ nhom wun. Thudän ka cie pan mɛc raan nhiar rot-ë-rot, Thudän ka cie paan mɛc ran ye aγöök rot. Na cie Jɔɔn Gërëŋ De Mabiöör Atëm Aruëi raan cï ye piɔu riit. Adɔk ciɛɛm ku cuëc, ku ka dɔk cuëëc ku cam; të bäk gut wekë, të bäk gut nyiɛckä. Cäk we pɔ̈ɔ̈th yiën lɛɛŋ, cäk we pɔ̈ɔ̈th yiën loop, cäk we pɔ̈ɔ̈th yiën cuëër. Raan col aya tïŋ cït ke cïï yic ye lueel ku we bë gäi në aköl!

www.ingramcontent.com/pod-product-compliance
Lightning Source LLC
Chambersburg PA
CBHW020330010526
44107CB00054B/2051